Q&A

70歳までの就業確保制度の実務

▶テレワーク、フリーランス等の多様な働き方で対応

布施直春【著】

中央経済社

はじめに

1）改正された高年齢者雇用安定法（以下，「高年法」という）は，令和3年（2021）年4月1日から施行されました。施行担当機関は，国（厚生労働省）の直轄機関である都道府県労働局です。

　同法は，日本国内のすべての企業に対して，社員に70歳までの就業機会を提供する努力を義務づける法律です。企業は①定年制の廃止，②定年年齢の引上げ，③継続雇用制度（再雇用，勤務延長）の導入，④創業支援等措置（定年退職者への会社業務の委託，社会貢献事業への従事）のいずれかの措置を講ずる努力をしなければならず，改正高年法の施行に伴い，企業は令和3（2021）年3月末までに，どのような形（契約社員，パート等）で60〜70歳の従業員等の就業機会を確保するかを検討し，従業員の過半数代表者と話し合い，具体的な制度内容，就業規則，実施計画書，各種契約書を決定し導入しなければなりません。

2）本書ではそのために，以下の点について説明しています。

① 改正高年法の内容

② 最も導入が容易な元社員への業務委託制度をはじめとする，さまざまな70歳までの就業確保措置の導入のしかた

③ 就業規則，改正法で新設された創業支援措置と社会貢献事業の実施計画書・各種契約書のモデル文例

3）各企業の人事・総務担当の役員と管理職の皆様に，次のことを自社の制度として導入し，実施することをおすすめします。

① 正社員の入社から70歳までの就業確保制度図（進路選択コース図）を作ること。

② 正社員の求人説明会において，上記①の概要図を示して説明すること。

③ 新入社員に上記①の詳しい進路コース図を渡して説明すること。

④ たとえば，60歳定年制の会社の場合，55歳（定年5年前）に，その時点の70歳までの就業確保制度図を渡して説明すること。

⑤　社員が59歳の時点で，次の事項を説明すること。

 a　60〜65歳の再雇用制度の内容

 b　再雇用対象者の要件，選考手続きなど

 c　60〜65歳の途中での雇止め（契約更新拒否）の要件，会社の雇止めの手続きなど

⑥　上記⑤にもとづき，社員が60歳で定年退職になるまでの間に，人事担当者が各人と個別面談，選考を行って再雇用者を決定し，再雇用の手続きを行うこと。

⑦　再雇用社員が64歳の時点で，人事担当者が次のことを説明すること。

 a　65〜70歳の間の就業確保制度図の内容

 b　上記aの制度の対象者の要件，選考手続きなど

 c　65〜70歳の途中での契約解除の要件，会社の手続きなど

⑧　上記⑦にもとづき，対象社員が65歳に達するまでの間に人事担当者が各人と個別面談，選考を行って就業に必要な契約締結，手続きを行うこと。

⑨　その後，人事担当者は，各社員に応じて70歳までフォローアップを行うこと。

　こうした制度の実施によって，正社員求人に対する応募者が増加したり，自社の正社員の勤労意欲が大きく向上したりするなど，多くの効果があることでしょう。

　本書が，これから60〜70歳までの従業員等の就業確保に取り組む企業（経営者や実務担当者），労務管理分野の専門家，労使関係者などの方々のお役に立つことを念願します。

　令和3年12月

羽田タートルサービス㈱審議役（顧問）
公益財団法人清心内海塾せいしんうつみ・常務理事
瑞宝小綬章受章（平成28年11月3日）
元厚生労働省長野・沖縄労働基準局長

布 施 直 春

※　本書の内容は，令和3年4月1日現在の法令等にもとづいています。

目　次

第6章　再雇用した契約・パート社員の賃金制度と運用
──勤労意欲を高めるために賃金制度の設計・運用に大幅な改善を ─── 185

凡　例

■**主な法令名等の略称**

安衛法……労働安全衛生法

均等法……雇用の分野における男女の均等な機会及び待遇の確保等に関する法律（通称　男女雇用機会均等法）

高年法……高年齢者等の雇用の安定等に関する法律（通称　高年齢者雇用安定法）

最賃法……最低賃金法

年休……年次有給休暇

派遣法……労働者派遣事業の適正な運営の確保及び派遣労働者の保護等に関する法律（通称　労働者派遣法）

みなし制……みなし労働時間制

労基署……労働基準監督署

労基法……労働基準法

労契法……労働契約法

労災保険法……労働者災害補償保険法

パート・有期雇用労働者法……短時間労働者及び有期雇用労働者の雇用管理の改善等に関する法律

労働施策総合推進法……労働施策の総合的な推進並びに労働者の雇用の安定及び職業生活の充実等に関する法律

第1章

高年齢者雇用安定法の
改正内容と対応実務

---

1 高年法の改正内容

Q1　令和2年改正高年法の要点は
A1　65〜70歳の従業員等の就業確保措置の努力を，全事業主に義務づけたこと。

1 改正高年法により全事業主に努力が義務づけられた65〜70歳の従業員等の就業確保措置の努力の内容は

　今回の高年法改正により，各企業は，65〜70歳の従業員等を図表1−1の下欄のいずれかの形で就業確保することが努力義務として追加されました（就業確保の努力義務）。

　この高年齢者就業確保措置としては，次の5つの方法があります。

　まず，図表1−1の上欄のとおり，①定年年齢の引上げ，②契約社員，パート等による「65歳以上継続雇用制度」の導入，③定年の定めの廃止──という従来から継続する「高年齢者雇用確保措置」と同様の措置が定められています。

　これらに加えて，図表1−1の下欄のように，雇用によらない選択肢として④事業主が高年齢者との間で業務の委託契約を締結する制度，⑤社会貢献活動

〈①事業主が実施する社会貢献事業，⑪事業主が団体に委託する社会貢献事業，事業主が資金提供その他の援助を行う団体が実施する社会貢献事業〉——という２つの「創業等支援措置」が定められています。

　前述の④と⑤は，いずれも雇用する高年齢者等が希望する場合に，その事業場の従業員の過半数を代表する者（以下，「過半数代表者」という）などの同意を得たうえで導入されるものとされています。

　④は事業主と高年齢者との間で，⑤は事業実施者と高年齢者との間での委託契約にもとづき，高年齢者に金銭を支払うなど有償のものに限られています。また，⑤の⑪と⑪は，事業主と事業実施者との間で高年齢者が業務に従事する機会を提供する契約を締結するものに限られています。

【図表１−１】全事業主の60〜70歳の従業員等についての就業確保義務（改正高年法）

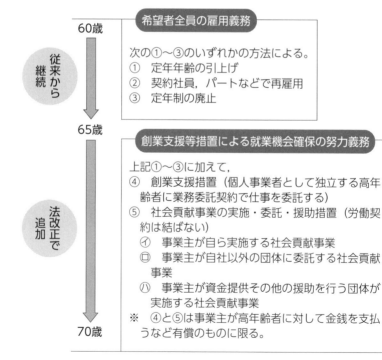

　これらのうち，2つ以上の措置を組み合わせて実施することも可能とされています。

　なお，高年法において「高年齢者」とは55歳以上の者をいうとされています（高年法2条，高年法施行規則1条）。

2　65～70歳の従業員等の就業確保は，事業主の努力義務規定

　今回，高年法の改正により新たに規定された「65～70歳の者の就業確保措置」は，事業主に対する努力義務規定です。これは，「できるだけ努力してください」ということです。

　この規定に罰則規定は設けられていません。

3　厚労大臣指針で，対象者限定の労使合意などについて定めている

　改正高年法で，厚生労働大臣が，「高年齢者就業確保措置の実施及び運用に関する指針」（以下，「指針」という）を定めることが規定されています。この指針は，図表1－2の内容となっています。

【図表1－2】高年齢者就業確保措置の実施・運用についての厚生労働大臣指針

> ①　高年齢者就業確保措置の対象者を限定する場合の基準について，労使合意が図られることが望ましいこと。
> ②　事業主が講ずる措置について，その事業場の従業員の過半数代表者と話し合うこと。
> ③　どの措置を適用するのかについては，対象となる労働者等の希望を聴取すること。

4　対象者基準とは

　対象者を限定する基準の策定にあたっては，労働者の過半数を代表する労働

組合（以下，「過半数労働組合」という）か，このような組合がない場合は，従業員の過半数代表者と事業主との間で十分に協議のうえで各企業の実情に応じて定められることを想定しており，その内容については，原則として労使に委ねられるものです。

　ただし，労使で十分に協議のうえで定められたものであっても，事業主が恣意的に特定の高年齢者を措置の対象から除外しようとするなど高年齢者雇用安定法の趣旨や他の労働関連法令に反する，または公序良俗に反するものは認められません。

【適切ではないと考えられる例】
- 『会社が必要と認めた者に限る』（基準がないことと等しく，これのみでは本改正の趣旨に反するおそれがある）
- 『上司の推薦がある者に限る』（基準がないことと等しく，これのみでは本改正の趣旨に反するおそれがある）
- 『男性（女性）に限る』（男女差別に該当）
- 『組合活動に従事していない者』（不当労働行為に該当）

　なお，対象者を限定する基準については，以下の点に留意して策定されたものが望ましいと考えられます。

---

［1］　意欲，能力等をできる限り具体的に測るものであること（具体性）
　　労働者自ら基準に適合するか否かを一定程度予見することができ，到達していない労働者に対して能力開発等を促すことができるような具体性を有するものであること。
［2］　必要とされる能力等が客観的に示されており，該当可能性を予見することができるものであること（客観性）
　　企業や上司等の主観的な選択ではなく，基準に該当するか否かを労働者が客観的に予見可能で，該当の有無について紛争を招くことのないよう配慮されたものであること。

（出典）「高年齢者雇用安定法（高年齢者就業確保措置関係）」厚生労働省

5　就業確保措置実施の際の事業主と個別労働者との契約はどのようにするか

1）たとえば，65歳定年退職者を再雇用する場合であれば，事業主はその労働者と1年間の労働契約を結び，それを70歳まで契約更新することになります。

　仮に，当人の加齢による著しい能力不足のため，事業主が就業確保措置の対象から除外したい場合には，契約期間満了前の解雇，契約期間満了後の雇止め（契約更新拒否）等を行うことになります。

2）たとえば，事業主が65歳定年退職者と業務委託契約を結んでいる場合は，事業主は，その契約の解約等を行うことになります。

6　施行日までに企業に準備が必要なことは

改正高年法は，令和3年4月1日に施行されています。それまでの間に，各企業は，

①　改正法に適合する就業規則を作成し，所轄労基署長に届け出て，従業員に周知すること

②　65～70歳の者の就業確保措置の実施内容について，その事業場の従業員等の過半数代表者の同意を得ること

③　その他

が必要になります。

> **Q2　Q1以外の高年法の改正内容は**
>
> A2　必要な場合には，厚生労働大臣は，事業主に対して「高年齢者就業確保措置計画」の作成・提出を命じることができることなどの規定が新設された。

1　65〜70歳の高年齢者の就業確保のため大臣が事業主に，指導・助言・実施計画の作成勧告を行う（10条の3）

　1）法改正により，事業主の履行確保を図るため，厚生労働大臣が高年齢者等職業安定対策基本方針に照らして「必要があると認めるときは，事業主に対して，高年齢者就業確保措置の実施について必要な指導及び助言をすることができる」ことが定められました。

　2）また，厚生労働大臣が，事業主に対して指導または助言したにもかかわらず状況が改善されない場合は，「高年齢者就業確保措置の実施に関する計画」の作成を勧告することができることが定められています。

　3）さらに，事業主が上記の計画を作成または変更した際には厚生労働大臣に提出するものとし，厚生労働大臣が事業主の作成した計画を著しく不適当と認めた場合は，事業主に対し，計画の変更を勧告することができることが定められています。

2　高年齢者雇用推進者選任の努力義務（11条）

(1)　従来からの法規定

　事業主は，高年齢者雇用確保措置を推進するため「高年齢者雇用推進者」（作業施設の改善その他の諸条件の整備を図るための業務を担当する者）を選任するように努めなければなりません（11条）。

　これは，いわゆる努力義務規定であって，できるだけ選ぶように努めてくださいということです。

(2)　法改正の内容

「高年齢者雇用推進者」が，「高年齢者雇用等推進者」に改正されました。「等」には，「創業支援等措置」が含まれます。

3　「再就職援助措置」（15条），「多数離職の届出」（16条），「求職活動支援書の作成等」（17条）の改正

(1)　従来からの法規定

1）従来からの法規定では，事業主は，雇用する高年齢者等が解雇（自己の責に帰すべき理由によるものを除く）等により離職する場合において，その高年齢者等が再就職を希望するときは，求人の開拓その他その高年齢者等の再就職の援助に関し必要な措置（以下，「再就職援助措置」という）を講ずることが努力義務とされています。

2）また，雇用する高年齢者等のうち1カ月以内に5人以上の者が解雇等により離職する場合には，あらかじめ，その旨を公共職業安定所長に届け出ることが事業主の義務とされています（多数離職の届出義務）。

(2)　再就職援助対象高年齢者等を法規定に追加

1）改正高年法では，再就職援助措置の努力義務と，多数離職の届出義務の対象者について，新たに「再就職援助対象高年齢者等」が追加されました。

2）なお，この「再就職援助対象高年齢者等」に該当する高年齢者は，①事業主が70歳までの措置を講じない場合に70歳未満で退職する高年齢者と，②事業主が対象者を限定した制度を導入した場合に制度の利用を希望したものの，その対象とならなかった高年齢者です。

3）また，従来からの高年法では，「解雇等」により離職する高年齢者等が再就職の支援を希望する場合は，職務経歴などの高年齢者等の再就職に資する事項などを明らかにした「求職活動支援書」を作成し，高年齢者等に交付しなければなりませんが，これについても対象者の範囲が拡大されました。

4 「雇用状況等の報告」(52条)の改正

(1) 従来からの法規定

事業主は，毎年6月1日現在の高年齢者の雇用に関する状況を，翌月15日までに，「高年齢者雇用状況報告書」により，主たる事務所の所在地を管轄する公共職業安定所を経由して，厚生労働大臣に報告する必要があります。

(2) 「高年齢者雇用状況報告書」に新項目追加

改正高年法では，事業主の毎年1回の報告義務の対象に，新たに「65歳以上継続雇用制度及び創業支援等措置の状況その他高年齢者の就業の機会の確保に関する状況」を追加することが定められました。

前述したように，70歳までの高年齢者就業確保措置の実施自体は努力義務とされていますが，高年齢者雇用状況報告書による高年齢者就業確保措置の実施状況（措置の実施の有無など）の報告は，義務とされました。

2 新設された高年齢者創業支援等措置の実施方法
——ⓐ企業から高年齢者への業務委託とⓑ社会貢献事業への高年齢者の従事の進め方

Q3　新設された高年齢者創業支援等措置とは

A3　65～70歳の就業確保措置のうち，雇用労働ではない①創業支援措置（業務委託）および②社会貢献事業の実施・委託・援助措置のこと。

　事業主の行う高年齢者創業支援等措置の種類，内容は，2頁図表1-1下欄のとおりです。希望する高年齢者が，不特定かつ多数の者の利益の増進に寄与するものに係る事業に，70歳まで継続的に従事できるようにする制度のことをいいます。したがって，このうち，社会貢献事業については，たとえば次のものはこれに該当しません。

①　特定の宗教の教義を広め，儀式行事を行い，信者を教化育成することを目的とする事業

②　特定の公職の候補者や公職にある者，政党を推薦・支持・反対することを目的とする事業

Q4　事業主が委託，出資等する団体が行う社会貢献事業に自社の高年齢者を従事させるために必要となることは

A4　事業主とその団体との間で，その団体が高年齢者に社会貢献活動に従事させることを約束する契約を結ぶことが必要。

　その契約書の例は，図表1-3のとおりです。

　なお，標記質問の場合には，自社からその団体に対して，事業の運営に対して出資（寄附等を含む），事務スペースの提供など社会貢献活動に必要な援助を行うことが要件となっています。

10

【図表1－3】創業支援等措置による就業確保に関する契約書（例）

創業支援等措置による就業確保に関する契約書（例）

　○○○○株式会社（以下「甲」という。）と○○○○（以下「乙」という。）は，高年齢者雇用安定法第10条の2第2項第2号に規定する契約として，次のとおり締結する（以下「本契約」という。）。

第1条　乙は，甲が高年齢者雇用安定法第10条の2第1項第2号に基づきその雇用する高年齢者の70歳までの就業を確保するための措置として導入する創業支援等措置を実施するため，甲の創業支援等措置の対象となる労働者であってその定年後等（定年後又は甲の導入する継続雇用制度の対象となる年齢の上限に達した後をいう）に，乙が実施する社会貢献事業に従事することを希望する者（次条において「事業従事希望者」という。）を，その定年後等に乙が実施する社会貢献事業に従事させる。

第2条　乙は，甲が乙の社会貢献事業に従事させることとした事業従事希望者に対し，乙が実施する事業に従事させることが決定した後，乙の社会貢献事業に従事させる機会を提供する。

第3条　第1条の規定にもとづき乙の社会貢献事業に従事する高年齢者の就業条件は，別添の甲の創業支援等措置の実施に関する計画（高年齢者雇用安定法施行規則第●条の計画をいう。）による。

　以上，本契約の成立の証として本書2通を作成し，甲，乙各自1通を保有する。

　令和　　年　　月　　日

　　　　　　　　　　　　　　　　　（甲）東京都○○○
　　　　　　　　　　　　　　　　　　　○○○○株式会社
　　　　　　　　　　　　　　　　　　　代表取締役○○　○○　㊞
　　　　　　　　　　　　　　　　　（乙）東京都○○○
　　　　　　　　　　　　　　　　　　　○○○○
　　　　　　　　　　　　　　　　　　　代表取締役○○　○○　㊞

（出典）労働基準広報別冊『令和3年4月1日施行改正高年齢者雇用安定法による「高年齢者就業確保措置」』31頁（労働調査会）を一部修正のうえ使用

> **Q5　事業主が高年齢者創業支援等措置を実施する場合の従業員に対する手続きとして必要となることは**
>
> A5　この措置の実施計画を作成し，労働者の過半数代表者の同意を得ることが必要。

1　実施手続きの流れは

事業主が創業支援等措置を実施する場合の手続きの流れは，次の(1)～(3)のとおりです。

(1)　措置の内容について記載した「創業支援等措置の実施に関する計画」（以下，「実施計画」という）を作成する。

(2)　実施計画について労働者の過半数代表者の同意を得る。

(3)　実施計画の内容を労働者に周知する。

制度導入後に，個々の高年齢者と業務委託契約や社会貢献活動に従事する契約を締結する必要があります（改正高年法10条の2第2項）。

指針では，個々の高年齢者と契約を締結する際には，次の①～③のようにすることとされています。

①　書面により契約を締結すること（書面には，実施計画の記載事項にもとづいて決定した個々の高年齢者の就業条件を記載すること）。

②　その高年齢者に対して実施計画を記載した書面を交付すること。

③　導入した制度の内容，労働関係法令による労働者保護が及ばないこと，その措置を選択する理由を丁寧に説明し，納得を得る努力をすること。

2　措置の内容について記載した実施計画を作成する

事業主が創業支援等措置を実施する場合には，図表1－4の事項を記載した実施計画を作成する必要があります（改正高年法施行規則4条の5第1項および第2項など）。

【図表１－４】創業支援等措置に関する実施計画の記載事項

① 高年齢者就業確保措置のうち，創業支援等措置を講ずる理由
② 高年齢者が従事する業務の内容に関する事項
③ 高年齢者に支払う金銭に関する事項
④ 契約を締結する頻度に関する事項
⑤ 契約に係る納品に関する事項
⑥ 契約の変更に関する事項
⑦ 契約の終了に関する事項（契約の解除事由を含む）
⑧ 諸経費の取扱いに関する事項
⑨ 安全および衛生に関する事項
⑩ 災害補償および業務外の傷病扶助に関する事項
⑪ 社会貢献事業を実施する団体に関する事項
⑫ ①～⑪のほか，創業支援等措置の対象となる労働者のすべてに適用される事項

3 実施計画について「労働者の過半数代表者」の同意を得る

　事業主が創業支援等措置を実施する場合には，実施計画について「労働者の過半数代表者」の同意を得る必要があります（改正高年法施行規則４条の５第１項および第２項など）。

　なお，前述したように雇用による措置に加えて創業支援等措置を実施する場合には，雇用による措置により努力義務を実施していることになるため，創業支援等措置を実施するにあたり，労働者の過半数代表者の同意を得る必要はありませんが，同意を得たうえで創業支援等措置を実施することが望ましいです

4 実施計画の内容を労働者に周知する

　２および３の手続きを経た実施計画は，①常時事業所の見やすい場所に掲示するか，または備え付ける，②書面を労働者に交付する，③磁気テープ，磁気ディスクその他これに準ずるものに記録し，かつ，事業所に労働者が記録の内容を常時確認できる機器を設置する――のいずれかの方法により，労働者に周知する必要があります（改正高年法施行規則４条の５第３項）。

5　関係書類の保管

　上記**1**〜**4**の関係書類は，労働行政機関に報告する必要はありませんが，立入調査等に備えて，会社の事務室に保管しておいてください。

Q6　「創業支援等措置実施計画」と「従業員の過半数代表者の同意書」の文例は

A6　図表1−5，図表1−6のとおり。

【図表1−5】創業支援等措置実施計画案（文例）

○○○○株式会社○○事業所
創業支援等措置実施計画（案）

　1　創業支援等措置を実施する理由
　　創業を希望する高年齢社員に就業の機会を与えるため。

　2　高年齢者が従事する業務の内容
　　①　当事業所の従業員の社会・労働保険の加入・脱退の手続き，保険料の納付等の手続きの代行業務（対象者は，社会保険労務士などの資格を所持している者）
　　②　当事業所の清掃，廃棄物の収集・焼却等

　3　上記業務内容以外の支払金銭等の契約内容，納品方法，諸経費の取扱い等については，別紙「業務委託契約書（案）」のとおりとする。

―別紙契約書（案）の文例は省略―

【図表1−6】創業支援等措置実施計画（案）に関する同意書（文例）

創業支援等措置実施計画（案）に関する同意書

　私は，○○○○株式会社○○事業所長○○○○様から提案された標記計画案について，同意します。

　令和○年○月○日

○○○○株式会社○○事業所
従業員の過半数代表者
○　○　○　○　　㊞

3 従来から今後も継続する高年法の内容

Q7　高年法の規定内容は

A7　「定年年齢」や「高年齢者の雇用確保措置」について規定している。

1　高年法が定める事業主の義務とは

高年法（高年齢者雇用安定法）は，事業主（企業等）に対して，次のことを義務づけています。

⑴　定年を定める場合の年齢の下限

事業主が，その雇用する労働者の定年の定めをする場合には，60歳を下回ることができません（高年法8条）。

⑵　事業主の高年齢者（60〜65歳）の雇用確保措置義務とは

65歳未満の定年の定めをしている事業主は，その雇用する高年齢者の65歳までの安定した雇用を確保するため，次の3つのうちのいずれかの措置を講じなければなりません（高年法9条，図表1-7）。

① 継続雇用制度の導入
② 定年年齢の引上げ
③ 定年の定めの廃止

これは，現に雇用している労働者が希望するときは，定年後も引き続き雇用する制度のことです。

なお，この制度の対象には，自社が雇用する場合だけでなく，親会社や子会社または関連会社，他の会社が雇用する場合も含まれています。

【図表1－7】60〜70歳の従業員等の雇用確保措置の種類

制度の種類	制度のあらまし（具体的な形の例）
1　継続雇用制度 　(1)　再雇用制度 　　親会社，子会社，関連会社相互間での再雇用も可	定年退職後，再び退職者と自社または親会社，子会社，関連会社とが雇用契約を結び直すもの。 ①　再雇用契約社員制度 ②　再雇用短時間勤務社員（パートタイマー）制度 ③　短時間勤務正社員制度 ④　正社員進路選択制度 ⑤　再雇用社員在籍出向制度 ⑥　再雇用派遣社員制度 ⑦　再雇用社員在宅勤務制度 ⑧　再雇用社員直行直帰勤務制度 ⑨　再雇用社員フレックスタイム制度
(2)　勤務延長制度 　　同上	定年制度を設けたまま，定年到達者を退職させることなく，その後も引き続き雇用するもの。 制度の内容は，(1)の再雇用に近いものから，定年年齢の引上げに近いものまで，任意に多様な内容とすることができる。
2　定年年齢の引上げ	正社員などの定年退職年齢を一律に引き上げるもの（短時間正社員制度を含む）。
3　定年制の廃止	正社員などを一定年齢で退職させる制度を廃止するもの。

2　高年法の適用範囲は

　高年法は，船員職業安定法に規定する船員には適用されません。

　また，この法律の主要な規定は，国家公務員および地方公務員には適用されません。それ以外の日本国内のすべての事業主（企業）と労働者に適用されます。

Q8　定年制とその種類は

A8　定年制には年齢制限があるが，例外とされる業務もある。

　事業主がその雇用する労働者について定年退職の年齢を定めるか否かは自由
です。しかし，定年の定めをする場合（定年制を実施する場合）には，その定
年年齢は「60歳か，それ以上の年齢」にしなければなりません。

　定年制とは，労働者が一定の年齢（定年年齢）に到達したことにより，労働
契約の終了事由とする制度をいいます。つまり，一定の年齢に達した場合に自
動的に退職となることを定めた制度です。定年制を設けていても，これにより
定年前の企業による解雇や労働者からの退職がとくに制限されるものではあり
ません。

　定年制には，次の2つがあります。

| 1 | 定年退職制 | 就業規則などに定められた定年年齢に達したときに，労働契約が自動的に終了するもの |
| 2 | 定年解雇制 | 定年年齢に達したときに，会社が従業員に対して解雇の意思表示を行い労働契約を終了させるもの |

　また，定年年齢の定め方にも，全従業員に一律に定める場合や職種別等に定
める場合などいろいろあります。

　事業主が雇用する労働者のうち，高年齢者が従事することが困難であると認
められる業務については，60歳以上の定年制の実施義務はありません。この例
外の対象とされるのは，鉱物の試掘・採掘およびこれに付随する選鉱，精錬そ
の他の事業における坑内作業に従事する労働者のみです。

Q9　継続雇用制度とは

A9　継続雇用制度には「再雇用制度」と「勤務延長制度」がある。

1　65歳未満の定年制の企業は継続雇用制度を導入しなければならない

　65歳定年制を実施するか，定年制を廃止する企業以外は，すべて継続雇用制度を実施しなければなりません。つまり，60歳の定年年齢に達した従業員を65歳まで再雇用するか，勤務延長の形で引き続き雇用することを制度として確保することが義務づけられています。

　継続雇用制度とは，会社が現に雇用している労働者が定年に達した時点で，本人が希望するときは，その者を定年後も引き続いて雇用する制度のことをいいます。

　継続雇用制度の対象となる労働者の範囲について，事業主に具体性，客観性のある基準がなく，希望者のうちから任意に選択して雇用する制度は，法律上，認められません。

2　継続雇用制度の種類は

　継続雇用制度には，次の2つの種類があります。

(1)　再雇用制度

　これは，定年到達者について，いったん退職させたのち（雇用契約を終了させたのち），正社員として，または社内の身分，雇用形態を正社員から臨時，嘱託，パートタイマー（短時間労働者）などに変えて，1年ないし数年間の雇用契約により再び雇い入れるものです。

(2)　勤務延長制度

　これは，定年年齢が設定されたまま，その定年年齢に到達した者を退職させ

ることなく（雇用契約を継続させたまま），引き続き雇用する制度です。

もともとの雇用契約は継続されます。

両者の違いは，再雇用制度がいったん雇用契約を終了させたのち再び新たな内容の雇用契約を結ぶのに対して，勤務延長制度は当初の雇用契約を継続延長するものです。

Q10　高年法に違反した事業主（企業）の取扱いは

A10　違反企業は企業名を公表されることもある。

1　60歳で退職させても無効ではない

厚生労働行政では，たとえば，事業主が「65歳までの雇用確保措置」をまったく導入せず，従来どおり労働者を60歳定年制にもとづき退職させた場合には，次のとおりの取扱いになるとしています。

高年法9条1項（65歳までの雇用確保措置）の規定は，事業主に継続雇用制度の導入，定年年齢の引上げ等の雇用確保措置の制度導入を義務づけているものであり，個別の労働者について65歳までの雇用義務を課すものではありません。

したがって，雇用確保措置の制度を導入していない60歳定年制の企業において，定年を理由として従業員を60歳で退職させたとしても，その個別の人事措置がただちに無効となるものではないと考えられます。

2　違反事業主に対する労働行政機関の改善指導等

事業主（企業）が適切な雇用確保措置（定年延長，再雇用，定年制廃止のいずれかにより従業員の65歳までの雇用の確保を図ること）を実施していない事実を国（厚生労働省）が把握した場合には高年法9条違反となります。このような場合には，国は公共職業安定所（ハローワーク）を通じて実態を調査し，

高年法10条（指導，助言及び勧告）の規定にもとづき，必要に応じて助言，指導および勧告を行うこととなります（図表1－8）。

　勧告に応じない事業主については，厚生労働省は事業主名を公表することができます。

　なお，高年法9条（高年齢者雇用確保措置）に違反した事業主に対する罰則は設けられていません。

【図表1－8】高年法違反の場合の取扱い

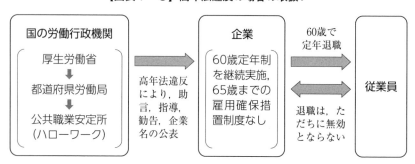

4 ｜ 改正高年法に対応した就業規則のモデル例

Q11　改正高年法に対応した総括的な就業規則例は

A11　図表1－9のとおり。

　図表1－9は，60歳で定年退職した者を，60歳から70歳までの間，会社の従業員として再雇用する場合の就業規則（別規則）です。

　さらに，この規則例では，65～70歳の者が希望する場合には，創業支援等措置のうちいずれかの措置により就業することもできることになっています。

【図表1－9】定年退職者の再雇用その他の就業確保措置に関する
就業規則（別規則）（例）

定年退職者の再雇用その他の就業確保措置に関する就業規則

（目的）

第1条　この規則は，当社の定年退職者の再雇用その他の就業確保措置（令和3年4月1日に施行される改正高年齢者雇用安定法に規定されている措置）について総合的に定めるものである。

2　会社は，60歳定年退職者を60歳を超えてから70歳まで再雇用するため，図表1の制度を設ける。

（60歳～65歳までの者の再雇用）

第2条　会社は，60歳から65歳に達する日までの者については，原則として希望する者全員を再雇用する。

　ただし，次のいずれかに該当すると会社が判断した者は再雇用しない。

①　健康状態が著しく悪いため，通常の勤務ができないと会社が判断した者

②　勤務態度等が著しく悪いと会社が判断した者

図表1　再雇用制度の種類

① 再雇用契約社員制度	⑥ 再雇用派遣社員制度
② 再雇用短時間勤務社員（パートタイマー）制度	⑦ 再雇用社員在宅勤務制度
③ 短時間勤務正社員制度	⑧ 再雇用社員直行直帰勤務制度
④ 正社員進路選択制度	⑨ 再雇用社員フレックスタイム制度
⑤ 再雇用社員在籍出向制度	

〔(注)　上記①～⑨のうち，自らの事業場で実施する制度名のみを記載してください。〕

(65歳の誕生日を迎える者の再雇用)
第3条　65歳以上の者については，次の各号に掲げる基準のいずれにも該当すると会社が判断した場合に再雇用する。
　①　健康状態が良好で，勤務に支障のないこと
　②　引き続き勤務することを希望していること
　③　過去1年間に無断欠勤が1日もないこと
　④　過去3年間の平均的な勤務考課がC以上であること
2　前項の再雇用期間は1年間とする。
3　再雇用期間の終了後，最長で70歳まで重ねて再雇用することがある。
(再雇用制度の種類の決定)
第4条　60歳定年退職者を，図表1のどの制度により再雇用するかについては，会社は，各対象社員の希望を聴取したうえで，会社の諸事情を総合的に勘案し，決定する。
(決定制度の適用)
第5条　再雇用された社員については，図表1のうち会社が決定した制度とその制度に関する規程が適用される。
(創業支援等措置)
第6条　会社は，65～70歳の者を対象にして，図表1の再雇用制度のほかに，図表2の創業支援等措置を設ける。
2　図表2の①及び②の制度については，いずれも当社で雇用する高年齢者が希望するときに，従業員の過半数代表者の同意を得たうえで導入するものとする。
3　図表2の①は事業主と高年齢者との間で，②は事業実施者と高年齢者との委託契約にもとづき，高年齢者に金銭を支払うものに限るものとする。
4　図表2の②イ及びロについては，事業主と事業実施者との間で高年齢者が業務に従事する機会を提供する契約を締結するものに限るものとする。
5　図表2の制度については，会社が，2つ以上の措置を講じることも可能とする。

図表2 創業支援等措置の種類

① 創業支援制度（事業主が高年齢者との間での事業の委託契約を締結する制度）
② 社会貢献事業制度
　イ　事業主が実施する社会貢献事業制度
　ロ　事業主が自社以外の団体に委託する社会貢献事業制度
　ハ　事業主が資金提供その他の援助を行う自社以外の団体が実施する社会貢献事業制度
（注）1　上記①と②の制度については，事業主が高年齢者に対して金銭を支払うものに限定されている。
　　　2　自らの事業場の就業規則には，上記①，②のうち実施する制度名のみを記載する。

（70歳以上の者の就業確保制度）
第7条　会社は，70歳以上の高年齢者についても，必要に応じて，第2条及び第6条の就業機会を提供する。

附　則
（施行期日）
第1条　この規則は，令和3年4月1日から施行する。

5 　就業規則の作成（変更），届出，周知の義務

> ## Q12　就業規則の作成（変更）と届出，周知の手順
>
> A12　規則案について，その事業場の全労働者の過半数代表者の意見を聴いたうえで，労働基準監督署長に届け出なければならない。

1　就業規則とは

　従業員数10人以上の事業場において，「70歳までの雇用確保措置」のいずれかの制度を実施する場合には，必ず就業規則の関係規定を作成または変更し，労働者の過半数代表者の意見を聴取したうえで，その事業場の所在地を担当する労働基準監督署長に届け出なければなりません。

　それは，労働基準法の規定により，「労働者の雇入れ，退職，主要な労働条件等に関する事項」の新設と変更については，就業規則への記載と届出が使用者（会社）に義務づけられているからです。この法規定の違反については，30万円以下の罰金が設けられています。

2　就業規則の作成（変更），届出，周知の手順は

　就業規則の作成（変更），届出，周知の手順は図表1−10のとおりです。この手順のうち①②⑤⑥は，労働基準法により使用者に対して実施が義務づけられています。また，その事業場の全労働者の過半数代表者の意見書のモデル例は図表1−11，就業規則作成（変更）届のモデル例は図表1−12のとおりです。

　就業規則作成（変更）届，就業規則および意見書は，その事業場の所在地を管轄する労働基準監督署長に，各2部ずつ提出します。1部は労働基準監督署長に受理され，他の一部は受理印を押されて返却されます。

【図表1－10】就業規則の作成（変更）から周知までの手順

| ①　使用者（会社）が就業規則原案（変更等）を作成 |

| ②　その事業場の労働者の過半数代表者への
原案（変更等）提示，説明，意見の聴取 |

| ③　聴取した意見の検討 |

| ④　就業規則の正式決定 |

| ⑤　その事業場の所在地域を所管する労働基準監督署長への届出
（労働者の過半数代表者の意見書を添付） |

| ⑥　その事業場の全労働者への周知 |

【図表1－11】意見書のモデル例──就業規則原案に対する
その事業場の全労働者の過半数代表者の意見書

【記載例1】

意見書

　令和○年○月○日に提案のあった就業規則の変更案については，次の事項についても追加して変更するよう検討を願います。

　なお，その他の事項については意見はないので申し添えます。

1　（意見部分省略）

　令和○年○月○日

　　　　　　　　　　　　　　　　○○事業所
　　　　　　　　　　　　　　　　従業員の過半数代表者　○○○○　㊞

○○○○株式会社
○○事業所長　○○○○　様

26

【記載例2】

意見書

　令和○年○月○日に従業員の全員投票により過半数をもって選出された○○
○○より，当社就業規則変更案について口頭で意見がない旨が述べられ，同人
は確認の署名をした。
　令和○年○月○日

　　　　　　　　　　　　　　　　　　　○○事業所
　　　　　　　　　　　　　　　　　　　従業員の過半数代表者　○○○○　㊞

○○○○株式会社
○○事業所長　　○○○○

【図表1－12】就業規則作成（変更）届のモデル例

就業規則作成（変更）届

　　　　　　　　　　　　　　　　　　　　　　　令和○年○月○日
○○労働基準監督署長　様

　　　　　　　　　　　　　　　　　使用者職氏名
　　　　　　　　　　　　　　　　　　○○○○株式会社
　　　　　　　　　　　　　　　　　　○○事業所長　　○○　　○○　　㊞

　　今般，別添のとおり，当社○○事業所の就業規則を作成（変更）いたしまし
たので，従業員の過半数代表者の意見書を添付のうえ，お届けいたします。
1　事業場名等

事業場名	○○株式会社　　○○工場
所在地	○○市○○町○丁目○○
業種（業務内容）	パンなど食料品の製造
従業員数	114名（男83名，女31名）

2　主な変更事項（変更の場合のみ）

変更条文	変更後	変更前
第○○条	定年年齢65歳	定年年齢60歳

3　全労働者の過半数代表者からの意見聴取とは

　その事業場の全労働者の過半数を代表する者の「意見を聴取する」というのは諮問の意味であって，同意を得たり協議することまで要求されているわけではありません。使用者は労働者の過半数代表者の意見を尊重すべきですが，その意見に拘束されるものではないのです。

　「労働者の過半数代表者の意見」は，意見がある場合は無論ですが，ない場合でもそのことを書面にして提出します（図表1–11，記載例2）。書面には署名または記名押印を得ておかなければなりません。

　なお，事業主が十分な手段を尽くしているにもかかわらず，場合によっては過半数代表者が意見書の提出を拒否したり，署名を拒んだりするケースもあります。このような場合でも「意見を聴いたことが客観的に証明できるかぎり」就業規則は労働基準監督署長に受理されます。

4　使用者の全労働者への周知義務

　使用者は，作成または変更した就業規則を，①常時事業所の見やすい場所に掲示するか，または備え付ける，②書面を労働者に交付する，③磁気テープ，磁気ディスクその他これに準ずるものに記録し，かつ，事業所に労働者が記録の内容を常時確認できる機器を設置する——のいずれかの方法により，その就業規則の適用される事業場の全労働者に周知させなければなりません。

5　手続きを欠いた就業規則の効力は

⑴　意見聴取・届出を欠く就業規則

　就業規則の作成・変更の際に，過半数代表者からの意見聴取を行っていない場合，あるいは労働基準監督署長への届出を行っていない場合，これらの就業規則は労働基準法に定めている手続きを欠いていることから，罰則を科されることはありえます。しかし，就業規則としての従業員に対する効力には影響ありません。

(2) 労働協約中の同意約款

労働協約中に「就業規則の作成・変更は労働組合の同意を得て行う」,「協議のうえ決定する」という規定がある場合に,これらの手続きを経ないで就業規則の作成・変更を行ったケースについては,判例,学説は無効とするものと有効とするものが対立しています。

(3) 就業規則中の同意約款

就業規則中に上記と同様の規定があり,それを欠いた場合の効力については,最高裁は一応有効説です（三井造船玉野分会事件,昭和25年,第二小法廷決定）。

(4) 労働者への周知を欠く就業規則

使用者は,就業規則を職場の見やすい場所に提示し,または備え付ける等の方法によって労働者に周知することを義務づけられています。

判例は,この周知手続きを欠いても,何らかの方法で労働者の知り得る状態におかれ,就業規則として適用されていれば労使間で有効としています。さらに,就業規則が労働者側に意見を求めるために提示されたことをもって,労働者への周知はなされたとしてよいと読める判例もあります。

(5) 就業規則の効力発生時期

就業規則の効力が発生するのは,就業規則が何らかの方法によって労働者に周知された時期以後で,その規則に施行期日として定められた日です。なお,施行期日の定めがないときは,労働者に周知されたときです。

Q13　労働者の過半数代表者とは

A13　その事業場の労働者の労働組合または労働者によって民主的な方法
で選ばれた者のこと。

1　労働者の過半数代表者の選出とは

　使用者（会社側）が，就業規則案について意見を聴いたり，労使協定を結ぶ
などする相手は「その事業場の労働者の過半数を代表する者」のことです。
「労働者の過半数を代表する者」とは，次のいずれかの者をいいます。
　①　その事業場に労働者の過半数で組織する労働組合がある場合は，その労
　　働組合
　②　その事業場に①の労働組合がない場合は，適正な手続きでその事業場の
　　すべての労働者の過半数の支持を得て選出された労働者

　ここで「労働者」とは，正社員，契約社員，パート・アルバイト，派遣社員
など，その事業場に雇用されているすべての者を指します。派遣先での派遣労
働者，請負労働者は除かれます。また，労働組合とは，労働組合法2条に規定
されている要件を満たすものをいいます。
　「労働者の過半数で組織する労働組合」とは，文字どおり事業場の全労働者
のうち過半数が加入している労働組合のことです。したがって，1つの事業場
で職種別に複数の組合が組織されている場合（たとえば事務員組合と工員組
合），一方の組合員が事業場の全労働者の過半数を占めていれば，法律上は過
半数を占めている組合のみと協定を結べば問題ありません。
　また「労働者の過半数で組織する労働組合」とは，必ずしもその事業場の労
働者のみで組織されている労働組合である必要はなく，たとえば複数の事業場
を含む企業単位で結成された組合であっても，その事業場の過半数の労働者が
加入していれば，ここでいう「労働組合」に該当します。

2 労働者の過半数代表者になれない人は

「労働者の過半数を代表する者」の「意見を聴く」,「労使協定を結ぶ」,「協議を尽くす」などというのは,労働者の団体的意思を反映させるという趣旨によるものです。したがって,たとえば,次のような形で選ばれる者は労働者の代表としての適格性はありません。

① 事業主の一方的な指名による場合

② 親睦会の代表者がなる場合

③ その会社内の一定の役職に就くことで自動的に兼ねる場合

「労働者の過半数代表者」は,労働者の投票による選挙,挙手,回覧など,民主的な方法で選出されなければなりません。

なお,労働基準法41条で規定されている「労働時間等に関する規定」が適用されない管理監督者は,労働者の過半数代表者になることはできません。

その理由は,上記の管理監督者は,実質的に使用者側の立場を代表する地位にある者であるからです。

Q14 就業規則の不利益変更の問題

A14 労働者にとって不利益となる変更には,当人の個別の同意が必要になる。

---

1 就業規則の不利益変更とは

「60～65歳の雇用確保措置」のうちのいずれかの制度を導入するために,就業規則に新たな規定を設けたり,これまでの規定を変更したりする場合には,原則として,労働基準法に定められた前述の手続きをきちんと取っておけば問題ありません。

ただし,会社がこれまでの就業規則の規定を,対象となる労働者に不利益な内容に変更し,その労働者が「就業規則の不利益変更は認められない」と裁判

所に訴え出た場合には，裁判所は「新たな不利益変更の規定は反対する労働者には適用されない」と判断をするケースが多く見られます。

　たとえば，定年年齢を60歳から65歳に引き上げ，これに伴い40代〜50代の労働者の賃金と退職金の水準を従来よりも引き下げるといった場合に，40代〜50代の労働者が反対するといったケースです。

　これを「就業規則の不利益変更をめぐる問題」といいます。

　労働者を守る就業規則の性質上，労働者に利益がある変更に関しては問題ありませんが，不利益となる変更については手間と時間がかかります。そこで，ここでは就業規則の規定内容を労働者にとって不利益な内容に変更する場合のポイントについて説明します。

2　不利益変更には全労働者の個別同意が必要

　すでに作成し，適用されている就業規則の規定について，定年年齢の引上げ，給与のアップ，労働時間の短縮など，労働者の労働条件を改善，向上する場合の変更は，労働基準法で決められている手順を踏めば問題ありません。

　逆に，就業規則の規定内容を労働者にとって不利益な内容に変更すること，つまり労働者にこれまで認められてきた既得権を一方的に奪うことは，原則として認められません。たとえば，定年年齢の65歳引上げに伴う40代〜50代の労働者の賃金，退職金の引下げなどはこれに該当します。

　もし，どうしても変更したければ，全労働者の個別同意（各個人の同意書への署名，押印等）が必要です。ただし，新たに定年退職後の再雇用制度（嘱託，パートタイマー等）を設け，嘱託の年間給与を定年退職前の半額にしたとしても，これは制度の新設ですから該当しません。

3　個別同意のない不利益変更には「合理性」が必要

　最高裁判所の判例では，使用者が，労働者の個別同意を得ずに就業規則の規定内容を労働者に不利益な内容に変更することについて，次のような見解をとっています。

① 就業規則の規定の新設，変更により，労働者の既得権が奪われ，不利益な労働条件が一方的に課せられることは，原則として許されない

② ただし，就業規則は，事業場の全労働者の労働条件を統一して決めるものであるので，その変更が「合理的」なものである場合に限っては，個々の労働者の同意がなくても，全労働者に新しい規定は有効に適用される

判例から見て，就業規則の変更が「合理性あり」と認められるための企業側の労務管理上のポイントは図表１−13の４点です。

たとえば，「65歳までの雇用確保措置」の導入に伴い，40代〜50代の労働者の賃金，退職金を引き下げる場合には，その事業場の全労働者の個別同意を得ておけば万全です。

労働者数が多いなどの理由により個別同意を得ることが困難な場合には，その事業場の全労働者を代表する者（労働組合がある場合は，その労働組合の代表者）と誠実に協議を尽くしてください。

【図表１−13】就業規則の変更の合理性

① **変更の必要性の強さ**
就業規則の規定を新設または変更して従来の労働条件を変更する場合には，事業経営上ぜひとも必要で，社会一般から見ても妥当性，合理性のあることが必要である。

② **労働者の不利益減少の努力**
企業は，その変更内容が，労働者にとって不利益ができるだけ少なくなるように対応することが求められる。たとえば，賃金引下げを，当初の予定よりも１年間遅らせる，または引下げ幅を小さくするといったことである。

③ **他の労働条件の改善**
判例では，企業が，他の労働条件を改善して，主たる事項の引下げを補うことがきわめて重視されている。

④ **労働組合等との話し合いを尽くす**
会社側は，労働組合，労働者と誠意をもって話し合いを尽くすことが最大のポイントである。これが"合理性あり"と判例で認められる典型的なものである。

第2章

高年齢者創業支援等措置
——企業から高年齢者への業務委託

1　企業から個人事業者への業務委託とは
——委託就業者には労働法は不適用

Q1　企業から個人事業者への業務委託とは

A1　会社が元社員を再雇用する代わりに，会社の業務処理を委託，請負発
　　注し，報酬を支払うもの。

1　委託就業者（個人事業者）とは

　Q1では，企業が元社員を再雇用する代わりに，委託就業者（個人事業者）
に自社の業務を委託発注する形で働いてもらう方法について説明します。

　委託就業者（いわゆる業務委託契約社員）というのは，個人で企業等から業
務委託契約（業務処理請負契約）により委託発注を受けて業務を行い，報酬を
受けとる者（個人事業者）のことをいいます。受託就業者，個人請負・業務受
託者ともいわれています。

　また，「業務委託契約社員」とも呼ばれていますが，企業等に雇用されている労働者ではありません。このため，これらの者には，労働基準法，雇用労働者を対象とする社会・労働保険（健康保険，厚生年金保険，雇用保険，労災保険）は適用されません。

　これらの者の一部は，インディペンデント・コントラクター（IC：独立業務請負人）ともいわれています。ICは，期限付きで専門性の高い仕事を請け負い，雇用契約ではなく業務単位の請負契約を複数の企業と結んで活動する，独立した個人事業者のことをいいます。

　ICは，サラリーマンでも起業家でもなく，フリーエージェントといった就業形態のことです（『人事労務用語辞典』日本経団連出版編）。

2　企業が個人事業者に委託できる業務は

　企業等（委託者）が個人事業者に対して，業務の実施についての指揮命令，つまり，日々の個別具体的な指示を必要としない業務内容であれば，すべて，業務委託・請負発注の対象とすることができます。

　その理由は，個別具体的な業務指示をすると雇用労働者と判断され，両者に労働法（労基法ほか）が適用されるからです。

　委託可能な業務の内容としては，一般的な事務・業務，専門的な業務，家内労働的な業務，ホームワーク（在宅でできる業務）など多種多様なものがあります。

Q2　企業が個人事業者に業務委託するメリットは

A2　主に図表2－1に挙げた6点がある。

1　メリットは多数

　会社が個人事業者（業務委託契約社員）に業務委託を発注するメリットは，図表2－1のとおりです。従業員（労働者）の雇用に伴う法定費用の負担，問

題がすべて解消できます。

【図表２－１】会社が個人事業者に業務委託を発注するメリット

① 従業員雇用と異なり，社会・労働保険料を負担しなくてよい。
② 支払報酬額に，労働者の最低賃金のような法定の最低基準がない。
③ 労働基準法の労働時間，休日，休暇，割増賃金支払いの規制を受けない。
④ 自社の事業量の変動への対応（新規契約の締結，または既存契約の打ち切り）が容易にできる。
⑤ 自社の社員にない専門的能力，高い技術力を利用できる。
⑥ 請負会社への発注と異なり，きめ細かな依頼ができる。

2　事業量の変動への対応が容易というのは

　自社の従業員（雇用労働者）であれば，事業量が大幅に減少しても，会社が従業員を整理解雇することは容易ではありません。不況でも雇用を継続し，最低でも月に１回は賃金を支払わなくてはなりません。

　業務委託，業務処理請負の場合には，契約の当事者（委託者と受託者，注文者と請負人）に労働基準法その他の労働関係法令はいっさい適用されず，その法規制を受けません。

　したがって，委託・注文会社は，受託者，請負人（個人事業者）に必要量だけ仕事を依頼し，それに応じて報酬を支払えばよいのです。

　依頼したい仕事がなければ，契約を更新しないことも自由です。

Q3　元社員が個人事業者として働くことのメリット・デメリットは

　A3　メリットは自分のペース，スタイルで働けること。デメリットは仕事量・収入が不安定なこと。

1 メリットは

個人事業者として働く場合には，次のようなメリットがあります。

① 特定の会社にしばられず，複数の会社と取引し，仕事をすることができる。

② 毎日，特定の会社に出勤する必要がない。自分の事務所を持つ，自宅で働くなど自分で働く場所を選ぶことができる。

③ 勤務する日，時間を自分のペースで決めることができる。要は納入期限までに仕事を仕上げればよい。

2 デメリットは

次のような点がデメリットです。

① 多くの者については，仕事量・収入が不安定，仕事の繁閑の差が大きくなる，委託・請負契約を打ち切られると無収入になる。

② 雇用保険に加入できないので，失業しても失業手当（基本手当）をもらえない。

③ 健康保険に加入できないので，病気になっても休業保障（傷病手当金）をもらえない（ただし，国民健康保険には加入できる）。

④ 労災保険に加入できないので，仕事でケガ，病気になっても労災補償給付をもらえない。ただし，一部の者は申請により労災保険に特別加入できる。

Q4 委託就業者（個人事業者）と社員（雇用労働者）との違いは

A4 委託就業者は雇用労働者ではないので，労基法，最低賃金法，社会・労働保険法等は適用されない。

1　労基法は適用されない

　委託就業者は，発注会社と雇用契約（労働契約）ではなく，業務委託契約
（業務処理請負契約）を結んで仕事をします。また，委託者（企業等）から，
日々の業務の実施について個別具体的な指揮命令を受けません。

　このため，委託者（会社等）と受託者（委託就業者）の双方に，労働基準法
をはじめとする労働法（労働関係法令：最賃法，労契法，安衛法ほか）が適用
されず，その法規制や保護がありません。

2　個人事業者には労働基準法の労働時間・休日・休暇の規定が適用されないというのは

　会社が従業員（労働者）を雇い入れ，使用すると，会社と従業員の双方に労
働基準法が適用され，会社は多くの法規制を受けます。

　会社は，従業員に原則，1日8時間，1週40時間を超えて労働させてはなら
ず，1週間に1日の休日を与えなければなりません。時間外労働，深夜労働を
行わせた場合には2割5分以上の，また，休日労働を行わせた場合には3割5
分以上の割増賃金を支払わなければなりません。さらに，1年間に10日以上の
年次有給休暇を与えなければなりません。

　しかし，業務委託・請負契約の当事者（委託者と受託者，注文者と請負人）
には，労働基準法はいっさい適用されず，その規制を受けません。

3　個人事業者は，雇用労働者の社会・労働保険に加入できないというのは

　個人事業者は，雇用労働者等を対象とする健康保険，厚生年金保険，雇用保
険には加入できません。加入できるのは国民健康保険，国民年金です。

　労災保険は原則として加入できません。ただし，一部の個人事業者は，労基
署への申請により特別加入することができます。

4　個人事業者と雇用労働者との取扱いの違いは

　上述1〜3についての両者の取扱いの違いをまとめると，図表2－2のとおりです。

**【図表2－2】個人事業者と雇用労働者との労働基準法，
社会・労働保険等の取扱いの違い**

事項 ＼ 区分	個人事業者	雇用労働者
1　契約関係	請負・業務委託契約（請負ないし準委任）	労働契約
2　労働条件の文書明示義務	非適用	適用
3　仕事内容の決定	注文内容を確認して請負等の契約内容化	使用者の業務命令
4　就業条件の基本	業務委託・請負契約	就業規則
5　労働時間・休日	非適用	適用
6　休業手当	非適用	適用
7　時間外・休日労働手当等	非適用	適用
8　年次有給休暇	非適用	適用
9　解雇予告（手当）	非適用	適用
10　最低賃金	非適用	適用
11　労働安全衛生基準	非適用	適用
12　社会保険	国民健保・国民年金（全額本人負担）	健保・厚生年金（使用者半額負担）
13　雇用保険	非適用	適用
14　労災保険	非適用，ただし一部は特別加入可（業種等の制限あり）	適用
15　納税	確定申告	源泉徴収

（注1）安西愈稿「個人請負・業務受託者の増加と労働法上の問題点」労働調査会，『労働経済春秋』Vol.6（2011年）46頁第4図をもとに作成。

（注2）根拠法は，1〜9は労基法，10は最賃法，11は安衛法。

Q5　委託・注文者（企業）と就業者（個人事業者）に適用される法律は

A5　民法等が適用される。

1　業務委託就業者は3つに分類される

　契約の当事者が業務委託契約と自称している場合であっても，その契約の内容，就業の実態を詳しくみると，その就業者は，図表2-3のように，雇用労働者，家内労働者，その他の者の3つに分類されます。

　これら3形態のうちのいずれであるかによって，適用される法律，取扱いはまったく異なってきます。

【図表2-3】委託・発注元と受託・請負就業者に適用される法律

分　類	判断基準	適用される法律
①　「雇用労働者」である場合	契約の名称，内容が雇用契約であれば労働者に該当。契約の名称，内容が請負，委託，委任等であっても仕事の依頼者と引受者との関係，就業実態に使用従属性があれば労働者に該当。	労働基準法，労働契約法，最低賃金法，労働安全衛生法，労災保険法，雇用保険法，その他
②　「家内労働者」である場合	「委託を受けて，物品の製造，加工等を行う者」（家内労働者）に該当するか否かで判断される。	家内労働法，民法
③　上記①，②に該当しない場合	上記の各判断基準に該当しない者	民法（請負，準委任等に関する規定）

2　例外的に雇用労働者に該当する場合は

　会社（仕事の依頼者）と個人（仕事の引受者）の契約の名称，内容が民法で

いう「雇用契約」に該当すれば，当然に，これら両者に労働基準法その他の労働関係法令が適用されます。さらに，その受託・請負就業者が独立した個人事業者であると自称し，契約書の名称，内容が委任，請負等契約であっても，委託・注文会社との関係，および就業実態からみて委託・注文会社との間に使用従属性（労働者性等）があると判断されれば，委託・注文会社に雇用されている労働者として取り扱われます（図表2－4）。

【図表2－4】労基法でいう「労働契約」，「労働者」に該当する場合

①　会社（仕事の依頼者）と個人（仕事の引受者）との契約の名称，内容が雇用契約である場合
②　会社と個人との契約の名称，内容が請負，委任，委託等契約であっても，両者の関係，就業実態に使用従属性（労働者性等）がある場合

使用従属性（労働者性）の判断ポイントは，委託・注文会社からの個別具体的な指揮命令を受けて働いているということです。

たとえば，働く時間帯，場所が指定されている場合は，原則として，雇用労働者に該当します。

これらの場合は，委託・注文会社が使用者，受託・請負就業者がその会社の雇用労働者となり，これら両者に労働基準法その他すべての労働関係法令，雇用労働者等を対象とする社会・労働保険が適用されることになります（図表2－3の①）。

3　家内労働者に該当する場合は

受託・請負就業者のうち「委託を受けて，物品の製造，加工等を行う者」に該当する場合には，家内労働法が適用され，委託者（会社等）が同法により規制されます（図表2－3の②）。

①委託者は，家内労働者に対して家内労働者手帳を交付し，委託のつど条件等を記載すること，②工賃は，1カ月に1回以上支払うこと，③一定の作業については，最低工賃額以上を支払うこと，などが義務づけられています。

　ただし，「家内労働者」と労働者という名称はついていますが，この者は使用者（会社等）に雇用される労働者ではないので，委託・請負元と委託・請負就業者の双方に労働基準法その他の労働法，雇用労働者等を対象とする社会・労働保険は適用されません。

4　雇用労働者・家内労働者に該当しない場合は

　このような場合には，労働基準法その他の労働法も家内労働法も適用されません。

　民法の請負，準委任等の規定が適用されるのみです（図表2－3の③）。

Q6　委託・注文者（企業）と請負人・受託者（個人）に適用される民法の規定は

A6　主に請負に関する規定が適用される。

1　業務処理の請負，準委任とは

　業務処理請負も請負の一種ですから，民法632条にいう「請負」に該当します。

　請負は，「仕事の完成」にその契約の中心目的があります。民法632条で，「請負は，当事者の一方がある仕事を完成することを約し，相手方がその仕事の結果に対してその報酬を支払うことを約することによって，その効力を生ずる」と規定されています。

　また，仕事の完成を目的としない業務の自営業者としての独立処理は，民法656条の「準委任」と考えられています。すなわち，民法の準委任とは，当事者の一方が法律行為でない事務をなすことを相手方に委託し，相手方がこれを承諾することによって，その効力を生ずるものです。準委任には委任についての規定が準用されています（656条により643条以下を準用）。これは，業務の処理を相手方より受託し，自己のある程度の自由裁量をもって自己の責任にお

いて処理する形態のものです。民法上の請負のように仕事の完成を目的とする
ものではありません。

　しかし，業務や事務を独立して行うものであり，①業務処理請負会社として
行うものと②個人事業者として行うものとがあります。

2　報酬の支払いは

　民法の請負の場合には，報酬は仕事の完成に対して支払われるものです（633
条）。

　準委任の場合も特約により業務の処理に対し，その報酬を委任事務の履行後
に請求できることを原則としています（648条）。

3　請負人・受託者の自己責任は

　請負の場合には，仕事の完成が目的ですから，現実に行って仕上げた目的物
に瑕疵（かし）があるときは，請負人は担保責任を負います（634条以下）。ま
た，準委任の場合には，委託の趣旨の範囲内において受託者として自己の裁量
において善良なる管理者の注意をもって委任事務・業務の処理を行う義務を負
い，これに違反すると債務不履行の責任を負います（644条）。

4　職業安定法の労働者供給事業，派遣法の労働者派遣事業に該当
　　しないとは

　個人請負や個人業務委託であっても，自らが独立した個人事業者として事業
を行い，発注者の指揮命令の下で注文先の業務を遂行するのではなく，あくま
でも請負人・受託者自身が注文者から仕事を請け負い，自己自身または自己が
雇用した労働者を自ら指揮命令して注文された仕事の完成や独立した受託業務
の処理を行うという場合には，職業安定法の「労働者供給事業」や労働者派遣
法の「労働者派遣事業」には該当しません。

5　注文・委託会社の雇用労働者に該当しないとは

注文・委託会社から労務指揮を受けず，自ら独立自営業者として注文された
その業務の完成にあたり，製品の納入や役務の処理の完了を行うものである場
合には，注文・委託会社の雇用労働者には該当しません。

Q7　民法でいう委託・請負契約と雇用契約との違いは

A7　個別具体的な業務の指揮命令を受けるか否かの違い。

1　委託・請負契約とは

委託契約というのは，委託者（会社や個人）が受託者（他の会社や個人）に
一定の仕事を頼み，その結果に対して報酬の支払いを約束する契約のことです
（図表2－5）。

【図表2－5】委託契約とは

請負，準委任契約というのも，委託契約とほぼ同じものです（図表2－6）。
これらの契約のことを，たとえば業務委託契約，建築請負契約，業務処理請
負契約，事務委任契約などといいます。

【図表2－6】請負，準委託契約とは

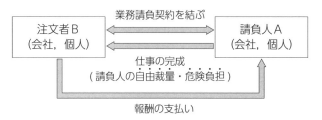

2　雇用契約とは

　雇用契約というのは，使用者（会社や個人）が，労働者（個人）を雇い入れ，使用者のもとで，個別具体的に業務の指揮命令をして，労働に従事させる契約のことをいいます（図表2－7）。

【図表2－7】雇用契約とは

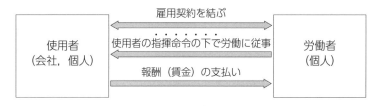

3　仕事をする人が個人の場合，個人事業者（受託者・請負人）であるか，雇用労働者であるかで取扱いがまったく異なる

　仕事を引き受けて行う個人が個人事業者（受託者・請負人）であると，労働基準法その他の労働関係法令は適用されず，その保護は受けられません（図表2－8）。

　また，労働者等を対象とする社会保険（健康保険，厚生年金保険等）や労働保険（雇用保険，労災保険）も適用されず，加入できません。

　しかし，労働者（雇用労働者）であると，上述の法律，制度の対象となりま

す。

　このように，両者のいずれであるかによって取扱いがまったく異なってきます。このため，その判断が重要となります。

【図表2－8】個人事業者（受託者・請負人）と雇用労働者の取扱いの違い

企業が仕事を頼む相手（個人）	労働基準法，社会・労働保険の取扱い
1　個人事業者（受託者・請負人）	労働基準法等で保護されない。社会・労働保険に加入できない。
2　雇用労働者	労働基準法等で保護される。社会・労働保険に加入できる。

4　受託・請負就業者と雇用労働者の自由裁量の有無の違いは

　受託・請負契約では，やる仕事の内容，期限等は契約で決められていますが，受託者・請負人が具体的な仕事をする場所ややり方は受託者に任されています。つまり，使用従属性（労働者性等）がありません。

　これに対して，雇用契約の場合には，労働者は使用者の命じる場所（会社の工場，事務所等）で，使用者の個別，具体的な指示命令どおりに働かなければなりません。

　両者は，このように働く側（労務の提供者）の自由裁量の有無がまったく異なります。

5　労働基準法等の適用の有無は

　前記3，4のことから，委託・請負等には労働基準法などの労働関係法令が適用されません。

　委託者・注文者と個人事業者（受託者・請負人）との間で契約内容を自由に決めることができます。

　他方，雇用については，使用者と労働者の双方に労働基準法などすべての労働関係法令が適用され，雇用主に対する規制と労働者に対する保護があります。

Q8 企業が個人事業者に業務の委託・請負発注を行う場合の注意点は

A8 次の4点。

　個人事業者に業務の委託・請負発注を行う場合には，次の点に注意し，対策を講じておくことが必要になります。

① 業務処理の品質・水準・納期がきちんと守れるか

② 自社のノウハウ，企業秘密，個人情報が外部に漏れないか

③ 本当に経費節減できるか

④ 自社の人材（正社員等）が育たなくなることはないか

2 企業の個人事業者への委託の進め方

Q9　企業の個人事業者への委託の進め方

A9　対象業務の選定，契約締結等がある。

1 企業が個人事業者に委託・請負発注する手順は

　自社で個人事業者に業務の委託・請負発注を行う場合は，図表2－9のような手順で行います。

【図表2－9】業務委託発注の実施手順

① 社内担当者を決める
② 業務委託の目的を明確に決める
③ 業務委託発注の準備作業（a～f）を行う
　a　業務委託社内取扱規程を作る
　b　どの業務を外部委託発注するかを検討し，優先順位を決める
　c　業務委託契約書（案）を作る
　d　個々の業務の整理・定型化を行う
　e　外部の委託業務従事者のための仕様書，業務処理マニュアルを作る
　f　報酬金額（案）を決める
④ 受託者の募集を行う
⑤ 応募者の選考を行う
⑥ 委託契約を結ぶ
⑦ 作業手順の説明を行う
⑧ 作業手順どおりに行われているか否かをチェックする
⑨ 作業手順どおりに行われていない場合に，改善指導，確認を行う
⑩ 天災地変，受託者等の交通事故，病気等により期限までにできない場合に緊急対応を行う
⑪ 契約期間終了後，受託者等の評価を行い，次の契約に反映させる（再び上記④に戻る）

2 企業が個人事業者に委託・請負発注できる業務は，自社の中核事業を除き，さまざまある

(1) 社内業務全般が検討の対象

　自社の業務全般のうち，コア（中核）業務として自社内に残す業務を除けば，すべて外部に委託・請負発注することは可能です。たとえば，図表2－10，図表2－11のとおりです。

【図表2－10】自社から社外に委託発注できる業務（例）

- 経営企画，情報システム
- 会計・経理・税務・一般事務
- 労務管理，社会・労働保険手続き，社員の教育，研修，福利厚生関連
- 生産工程，在庫管理，購売
- 営業
- 研究開発等

【図表2－11】業務委託発注の対象業務（例）

類　　型	具体的な業務内容
1　一般事務・業務処理請負会社の対象業務	ある程度大量で，ほぼ定型的な事務，生産，加工，仕分け，運送，保管等の業務
2　専門家・技術者・研究者の対象業務	・弁護士，公認会計士，税理士，社会保険労務士，行政書士，中小企業診断士，弁理士，建築士，不動産鑑定士の業務 ・プロデューサー，ディレクター，デザイナー，インテリア・コーディネーター，コピーライター，システムコンサルタントの業務 ・新聞・雑誌，出版の取材・編集，放送の取材・編集の業務 ・情報システムの分析・設計の業務 ・ゲーム用ソフトウェアの創作の業務 ・新商品，新技術の研究開発または人文科学，自然科学の研究の業務 ・金融工学等の知識を用いて行う金融商品の開発の業務

3　家内労働の対象業務	・衣服・その他の繊維製品（洋服・和服縫製，ししゅう，スカーフ・ハンカチーフのかがり，タオルヘム加工） ・電気・通信機械機具（各種部品組立て，コイル巻き等） ・金属製品（金属プレス加工，刃物・洋食器研磨等） ・軽印刷
4　ホームワーク（自宅での仕事）の対象業務	文書入力，データ入力，設計・製図・デザイン・システム設計，プログラミング，ホームページの企画・作成，ライター，翻訳，DTP，テープ起こし，調査・コンサルティング，計算処理・情報検索，取引文書作成・伝票整理等の業務

(2)　やってはならない業務は

　ただし，犯罪行為など法律に違反したり，公の秩序または善良の風俗に反する事項を目的とする法律行為（契約を結ぶことほか）を外部委託する契約は，結んでも無効となります（民法90条）。

　また，犯罪行為を行った者，行わせた者は刑法等で処罰されます。さらに，たとえば，医療行為，車両の運転など一定の行為を行う場合には，法律に定められた営業免許，事業許可，従事者の資格等が必要になります。

Q10　業務委託発注の問題点と対応策は

A10　問題点は3種類。

1　委託発注に伴う問題点は

　自社の業務を外部に委託発注することに伴う問題点，トラブルの発生のおそれは次の①〜③の3つに大別することができます。

① 外部委託発注に伴う本質的な問題，トラブル
　自社内で従業員が行っていた業務を外部に委託・請負発注するため
　a　ノウハウの外部流出
　b　社内機密の漏洩（ろうえい）
　c　社内の人材が育たなくなる
　d　委託発注先の能力水準，業務・成果の水準確保の困難さ
　といったおそれがある。

② 社内対応の不十分さに伴う問題，トラブル
　社内の不慣れ，事前準備の不足等から，
　a　責任の所在の不明確さ
　b　社内の他部署との連携の不徹底，不効率さ
　c　a，bに伴う委託・請負先への指導，教育，管理，品質水準確保の不足，
　　コスト削減不足，トラブル発生等
　が生じるおそれがある。

③ 業務委託就業者固有の問題（労働者性等の問題），トラブル
　業務委託就業者は，自社の従業員（雇用労働者）の行ってきた業務を代わりに行うにもかかわらず，雇用労働者ではなく個人事業者として取り扱われる。
　労働基準法その他の労働関係法令，雇用労働者を対象とする社会・労働保険の適用・保護を受けられない。
　このため，委託発注する会社は，業務委託就業者を雇用労働者とまったく異なる契約内容，取扱い実態にしないと，業務委託就業者が「私は，雇用労働者に該当しており，労働基準法，社会・労働保険の適用・保護を受けさせるべきだ」と主張するというトラブル，問題が生じる。

2　具体的な対応策は

　上述1の問題点，トラブルの発生のおそれを整理すると，これらに沿った対応策は図表2-12のように取りまとめることができます。

【図表2－12】元社員への業務委託発注円滑化のための対応策

Ⅰ　対応策のねらい	Ⅱ　対応策
1　社内の責任の所在を明確にし，チェックシステムを機能させる	①　業務委託担当者，最終決定権者を人事発令する。 ②　上記関係者のコミュニケーションを保つ。 ③　社外委託・請負業務取扱規程，職務基準書によるチェックシステムを作る。 ④　担当者が定期的にチェックを行い，最終決定権者がその結果を聴取する。
2　コストのアップを抑える	①　コストアップの原因，問題点を究明する。 ②　上記①の結果によりa．委託・請負先への指導，教育，改善，b．契約条件の見直し，c．委託・請負先の変更を行う。
3　当初予定していた業務成果を得る	1　業務委託が開始されたのち，定期的に委託・請負業務の成果水準，進行スピード，トラブルの有無をチェックする。 2　上記1の結果，問題点が発見されたら，次の点から検討し，改善策を講じる。 ①　成果基準に問題がないか ②　業務委託方法に問題はないか ③　自社の担当者の指導，教育に問題がないか ④　業務委託就業者に問題はないか ⑤　契約条件，処遇に問題はないか
4　社内業務の水準低下・ノウハウ喪失を防ぐ	目標管理を徹底して，定期的な研修会，情報交換会で確認する。
5　社外にノウハウを流出させない	①　自社のコア（中核）業務は委託・請負対象から除外する。 ②　委託・請負先と機密保持契約書を締結する。
6　労働者性等の問題発生を防ぐ（個人事業者に依頼する場合）	①　労働者性等の観点から問題のない募集求人票，委託・請負契約書を作る。 ②　上記①のとおり業務委託・請負の運営を行う。 ③　問題点，トラブルが生じたら，ただちに改善する。

Q11　業務委託の社内取扱規程の作成は

A11　実施の前に取扱規程を作り，それを守ることがトラブル防止につながる。

　自社内の業務を外部に委託発注することについては，あらかじめ「業務委託社内取扱規程」を定めておきます。

　規程を定めることにより全社的に統一した取扱いが可能になります。

　これにより，①業務委託の目的を明確にし，効果を確かなものにするとともに，②トラブル・不正の予防につながります。

　「業務委託社内取扱規程」の文例は，図表2−13のとおりです。

【図表2−13】業務委託社内取扱規程（例）

（目的）
第1条　この規程は，当社内の業務を外部に委託し発注する場合の取扱方法について定めるものである。
（申請と決裁）
第2条　現在，社内で行っている業務の一部又は全部を外部に委託発注することを希望する者は，別紙申請書により所属部長を経由して担当役員に申請し，その決裁を得なければならない。
（委託発注の要件）
第3条　会社として，社外への委託発注を認めるための要件は，原則として，次のとおりとする。
　①　次のいずれかの効果または理由があること
　　a　コストの削減が図れること
　　b　社内で処理できない，又は社内では期限までに処理できないこと
　②　質の高い業務処理やサービスが期待できること
　③　ノウハウの喪失や流出のおそれがないこと
　④　信頼でき，情報交換を密に行える専門業者がいること
（契約締結）
第4条　業務を委託発注するときは，外部業者との間で，委託業務の範囲，料金額，料金の支払条件などについて別紙契約書により契約を締結する。
（契約期間）

第5条　契約期間は，原則として，1年以内とする。必要に応じて，契約を更改する。

(特別条項)

第6条　業務委託契約の中に，次の事項を明記した条項を設ける。

①　個人事業者に委託発注する場合においては，契約内容及びその就業実態において雇用労働ではないことを明確にした取扱いとすること。

②　外部業者は，業務遂行上知り得た会社の企業秘密及び個人情報を，契約期間中はもとより，契約期間満了後も第三者に洩らさないこと

③　外部業者が委託業務の遂行中に発生させた事故について，会社はいっさいの責任を負わないこと

(契約の解除)

第7条　契約内容の不履行その他委託先に責任のあるときは，会社は，即座に契約を解除する。この場合，会社は，一切違約金を支払わない。

(委託業務の管理)

第8条　委託業務の管理とトラブル処理は，その業務を本来的に担当する部署が責任を持って行う。

(個人的利益の禁止)

第9条　当社社員は，業務の委託発注に関して個人的な利益を得てはならない。

2　前項に違反した場合は，正社員就業規則の関係規定に基づき必要な懲戒処分を行う。

(附則)

この規程は，令和○年○月○日から施行する。

別紙1

令和○年○月○日

代表取締役　○○　○○　様

申請部門　システム開発部
申　請　者　山　田　二　郎

業務委託発注申請書（個人事業者用）

　次の業務につき，委託・請負発注をいたしたく申請いたします。

記

①委託発注する業務の範囲	プログラム設計から単体テストまでの業務処理
②委託発注の理由又は効果	システム開発のコスト引下げと効率化を図るため

③委託開始希望時期		令和×年×月×日
④委託の予算		40万円／月
⑤その他の委託条件		令和×年△月△日を納期とする。 その他の条件は別紙2（省略）の注文仕様書のとおりとする。
⑥委託先予定者	氏名	山田　努
	住所	東京都千代田区大手町××－×
	経歴	システム開発10年経験，その他の経歴，専門的能力については，別紙3（省略）の職務経歴書のとおりである。

注：⑥委託先予定者欄は，委託先予定者が決まっている場合に記入してください。

審査		

審査結果	
承認	否認

Q12　業務委託契約社員の選考基準・報酬金額は

A12　経歴，能力等により選考し，社会的相場水準の報酬を支払う。

1　業務委託契約社員の選考基準は

　個人事業者に委託発注する場合は，委託する業務内容にもよりますが，次のようなことを重視して選び，契約します。

- 熱意，意欲
- 人柄
- 専門的な知識・技能・技術
- これまでの職務経歴
- 取得している資格・免許
- 学歴
- 年齢

　たとえば，委託業務内容が運送や理美容の場合には資格・免許が欠かせません。

　情報処理技術や講師・インストラクターの場合には，専門的知識・技能・技術が必要です。

　営業・販売の場合には，これらの職務経歴，熱意，意欲が何よりも求められます。

2　報酬金額は

　業務委託契約社員は雇用労働者ではないので，最低賃金額（191頁図表6－3参照）以上の報酬額にする法律上の義務はありません。

　図表2－14の資料がその就業者の報酬金額を決める際の参考になります。

56

【図表2－14】報酬額決定の参考資料

① 自社の受注単価	④ 受託者の技量・経験
② 報酬・工賃等の地域相場	⑤ 自社の類似作業の従業員の賃金額
③ 類似の作業工程の報酬・工賃	⑥ 地域の法定の最低賃金・最低工賃額等

Q13 業務委託契約社員への委託決定通知書，誓約書，身元保証書の文例と作成ポイントは

A13 図表2－15～図表2－17のとおり。

【図表2－15】業務委託契約採用決定通知書（例）

令和○年○月○日

＿＿＿＿＿＿＿＿ 様

株式会社 ○○○○○
取締役社長 ○○○○

業務委託契約採用決定通知書

拝啓 ますますご清栄のこととお喜び申し上げます。

さて，このたびは当社の業務委託契約社員募集にご応募いただきまして，まことにありがとうございました。採用選考いたしました結果，あなたを採用することに決定いたしましたので，通知いたします。

採用日は下記のとおりとなります。同日同封いたしました業務委託契約社員誓約書及び業務委託契約社員身元保証書の提出をお願いいたします。

なお，業務委託契約社員は法律上，雇用労働者ではなく，個人事業者（委託・請負等就業者）としての業務委託契約となりますので，あらかじめご了承いただきたいと存じます。

敬具

記

1 採用日 令和×年×月×日

2　同封資料
　①　業務委託契約社員誓約書
　②　業務委託契約社員身元保証書

　　　　　　　　　　　　　　　　　　　　　　　　　　　　　　　以上

【図表2-16】業務委託契約社員誓約書（例）

　　　　　　　　　　　　　　　　　　　　　　　　　令和○年○月○日

株式会社　　○○○○○
取締役社長　　○○○○　　様

　　　　　　　　　　　　　　　　　　　　　住所
　　　　　　　　　　　　　　　　　　　　　氏名　　　　　　　　　㊞

業務委託契約社員誓約書

　このたび，私は，貴社に業務委託契約社員（個人事業者）として採用される
にあたり，下記事項を遵守し，貴社に一切の迷惑をかけないことを誓約いたし
ます。

　　　　　　　　　　　　　　　　記

1．個人事業者として自らの裁量と責任のもとに受託した業務を遂行します。
2．個人事業者であるので，労働基準法その他の労働関係法令の適用を受けず，
　労働者に適用される雇用保険，労災保険，健康保険，厚生年金保険等の適用
　を受けないことに同意します。
3．業務遂行に関して事件，事故，トラブルを起こしたときは，自分の責任で
　いっさいを処理し，会社に迷惑をかけません。
4．報酬は，委託料として業務実績に応じて支払われることに同意いたします。
5．業務上で知り得た秘密事項および個人情報については，契約期間中はもち
　ろん，契約終了後においても他に漏えいすることはいたしません。
6．故意又は不注意により貴社に損害を与えた場合には，その損害賠償の責め
　を負います。
7．下記事項のいずれかに該当すると御社が判断した場合には，契約期間の途
　中で業務委託契約を打ち切られても異存はありません。
　①　上記3及び5に違反した場合
　②　故意又は過失により貴社に損害を与えた場合

③　委託業務の成果があがらない場合
④　健康を著しく害し，業務に堪えられないと認められる場合
⑤　その他業務委託契約を継続することに支障がある場合

以上

【図表２−17】業務委託契約社員身元保証書（例）

令和○年○月○日

株式会社　　○○○○○
取締役社長　○○○○　様

保証人（住所）
　　　　（電話番号）
　　　　（氏名）　　　　　㊞
　　　　本人との関係
　　　　職業

業務委託契約社員身元保証書

　このたび，下記の者が貴社に業務委託契約社員（個人事業者）として採用されるにあたり，私が身元保証をいたします。本人が故意又は過失によって貴社に損害を与えたときは，本人と連帯し，損害を賠償することをお約束します。
ただし，本契約の期間は，締結の日から５年間といたします。
住　　所
氏　　名
生年月日

1　委託決定通知書および誓約書の作成ポイントは

　契約を結ぶ相手方に①業務委託契約社員は，社員という名前はついていますが，会社に雇用されている労働者ではないこと。②したがって，労働者に適用される労働基準法その他の労働関係法令は適用されないこと，③雇用保険，労災保険，健康保険，および厚生年金保険に加入できないことを，あらかじめ，

納得してもらうことが必要です。

2　身元保証書の作成ポイントは

　契約を結ぶ相手方の身元保証という点では，雇用契約を結ぶ従業員から提出させる身元保証書と基本的には同じです。

　したがって，保証人に関する基本的事項，つまり，氏名，住所，本人との関係，職業や連絡先などを記載してもらうことが必要です。

　ただし，身元保証の期間については，「身元保証ニ関スル法律」の規定の制約を受けることになり，身元保証の期間を定めなかった場合には，1回につき，3年とされますし，期間を定める場合でも最長5年間が限度ということになります。

　もっとも，この保証の期間を更新することについては，問題はありません。

　必要であれば，保証人の了解を得たうえで保証契約を更新すればよいということになります。

Q14　業務委託契約書の文例とコメントは

A14　図表2−18のとおり。

　外部に業務委託する会社が，個人事業者（数人の小規模事業者を含む）と取り交わす業務委託契約書の文例，コメントは，図表2−18のとおりです。

　この契約書では，委託する業務内容を，給与計算業務等としています。

【図表２－18】業務委託契約書（例）

業務委託契約書

委託者○○株式会社（以下「甲」という。）と受託者○○○○（以下「乙」という。）とは，甲の委託に係る業務処理について次のとおり業務委託契約を締結する。

> **コメント**
>
> 契約の名称は労働契約や雇用契約ではなく，業務委託契約または業務処理請負契約にしてください。

（委託業務の範囲）
第１条　委託する業務は，次のとおりとする。
　① 給与計算業務
　② ①に関連する業務
2　詳しい業務内容とスケジュールは，別紙注文仕様書（省略）のとおりとする。
3　甲は，乙が受託した業務を行うにあたっては，必要な協力を行う。

> **コメント**
>
> 社外に業務の委託・請負を行う場合は，自社の従業員を使用するのと異なり個別具体的な業務指示ができません。また，これを行うと，名称が委託契約や請負契約であっても，実態は労働契約であり，労働基準法が適用されると判断されるおそれもあります。このため，委託・請負業務の範囲，スケジュール，業務の進め方，資料のやり取りなどを詳しい注文仕様書と業務処理手順書を作成・交付し，契約締結時に，まとめて説明しておくことが必要です。

（再委託の禁止）
第２条　乙は，委託業務の全部又は一部を第三者に再委託してはならない。
　ただし，あらかじめ，甲の許可を得た場合は，この限りではない。

> **コメント**
>
> 再委託をいっさい認めないことにすると使用従属性（労働者性等）が強いということになり，労働基準法等が適用されるおそれが生じます。このため，注文仕様書に定めてある業務水準を確保できる場合には再委託を認めることにしておきます。

（報酬金額と支払方法）

第3条　甲は，乙に契約金額として月額○○○○○円を支払う。

2　乙は，契約金額を毎月○日に締め切って翌月○日までに甲に請求し，甲は
　その金額を翌月○日までに○○をもって乙に支払う。

コメント

(1) 報酬は，必ずしも現金で支払う必要はなく，手形や小切手による支払
　　いでもさしつかえありません。

(2) 所得税の源泉徴収については，次のような取扱いにしないと，業務委
　　託契約社員（個人事業者）であることを否定されるので，注意してくだ
　　さい。
　　　主たる給与等ではない源泉税率表乙欄が適用され，自社が主たる就業
　　先ではない取扱いにすること（その業務委託契約社員が複数の会社から
　　受託する場合は乙欄，1社のみの場合は甲欄になる）。

(3) 労働者ではないので，報酬金額から，雇用保険，健康保険，厚生年金
　　保険等の社会・労働保険および地方税の控除は行わないでください。

(4) 報酬に次のものなどがあると労働者性を強め，労働基準法等が適用さ
　　れる要素となるので，避けてください。
　・時間を単位として計算される
　・固定給部分がある
　・欠勤した場合に報酬の一部が控除（カット）される
　・残業した場合に，別に手当が支給される

（業務委託契約期間）

第4条　業務委託契約期間は，令和×年×月×日から令和△年△月△日まで（1
　年間）とする。

コメント

　　契約期間は当初，1年間がよいでしょう。1年ごとに以下の点を評価し，
　次の契約時に改善します。

(1) 外部委託の効果はあがっているか（コストダウン，専門性，業務水準
　　の向上等）

(2) 問題点，トラブルは発生していないか

(3) 再度同じ委託先（個人事業者）に契約することでよいか否か

（委託契約の途中解除）

第5条　次の各号のいずれかに掲げる事由が生じた場合は，甲は，契約期間中

62

であっても，途中で契約を解除することができるものとする。
① 乙に委託業務の処理を行う際に求められる能力及び適性がないと甲が判断した場合
② 乙の責めにより甲に重大な損害を与えた場合
③ 甲の経営上やむを得ない事由が生じた場合
④ その他この業務委託契約の解除について合理的な理由がある場合

コメント
　業務委託契約の解除は，民法の関係規定およびこの契約の規定に反しなければ自由にできます。
　業務委託契約は労働契約ではないので，労働基準法，労働契約法等に定める従業員の解雇，雇止め（やといどめ：契約更新拒否）の規制は受けません。

（業務委託契約の自動更新）
第7条　この契約は，契約期間満了の3カ月前までに甲又は乙から相手方に対して申し出がない場合は，自動的に同一内容で更新されるものとする。

（業務委託契約期間終了後の措置）
第8条　乙は，契約期間の満了や契約解除に伴う契約の終了に際しては，次のような処理を行わなければならない。
① 給与計算に関する委託期間中のすべてのデータをCD－Rにて甲に提出すること。
② 業務引継ぎに伴う処理に関して必要なデータを提供すること。
2　以上に関しては，甲は乙に対して実費を支払うものとする。

コメント
　業務委託契約終了に伴う引継ぎについては，トラブルが生じるおそれが多分にあります。上述の規定例以外に必要なことがあったら，あらかじめ，規定に追加しておいてください。

（守秘義務・個人情報管理）
第9条　甲及び乙は，本契約業務の履行の際に知り得た相互の秘密を第三者に漏らしてはならない。特に乙は，甲から業務処理のために預かった資料，データ等の保管・管理に万全を尽くし，外部に漏洩しないように措置しなければならない。
2　乙は，乙の本契約業務に従事する補助者や従業員についてもこれを遵守さ

せるよう管理に万全を尽くすものとする。この義務については，乙の補助者や従業員が退職した後も同様に遵守させるものとする。

3　甲の有する個人データを本契約業務の履行に際し乙に委託または利用させるにあたっては，乙は個人情報が漏洩しないように措置しなければならない。

（責任及び損害賠償）

第10条　本契約業務に関して乙の故意または過失により甲に損害が発生した場合は，甲は必要な処置を乙に命ずることができるとともに損害賠償を請求することができる。

2　乙の故意または過失によることなく甲に損害が発生した場合は，甲が責任を負う。

（労働関係法令及び労働・社会保険法の不適用）

第11条　この契約は労働契約ではないので，甲，乙双方に対して労働基準法その他の労働関係法令は適用されない。

2　第1項にもとづき甲・乙双方に雇用保険法，労災保険法，健康保険法，厚生年金保険法等は適用されない。

（協議事項）

第12条　この契約に定めのない事項については，甲・乙は誠意をもって協議し対処するものとする。

　本契約の成立を明らかにするため，本契約書2通を作成し，甲，乙双方が署名押印のうえ，各自その1通を所持する。

令和　年　月　日

甲　○○株式会社
　　代表取締役○○○○　㊞

乙　○○○○　㊞

第3章

高年齢者のテレワーク
――在宅就業（業務委託）と在宅勤務等（雇用労働）

---

1 ホームワーク，テレワーク

Q1 ホームワークとは
A1 パソコンなどを利用して自宅で仕事をして報酬を得る働き方のこと。

1 ホームワークの種類は

ホームワークには，次の2つがあります。

① 在宅就業：労働契約ではなく，委託・請負等の契約で働き，労働基準法等の労働法令が適用されないもの

② 在宅勤務：労働契約を結び雇用契約者として勤務し，労働基準法等の労働法令が適用されるもの

2 ホームワーカーに適用される法律は

ホームワーカー（ホームワーク従事者：自宅で仕事をする人）は，どのような法律が適用されるかにより，図表3－1のように3つに分かれます。

66

【図表3－1】ホームワーカーの3分類

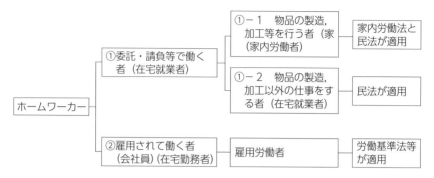

まず、「①委託・請負等の契約で働き、労働基準法が適用されない者」と、「②雇用契約（労働契約）で働く会社員で、労働基準法等が適用される者」の2つに大きく分かれます。

そして、①のうち「物の製造、加工等を行う者」は「家内労働者」と呼ばれ、家内労働法が適用されます。

3　ホームワーク従事者（自宅で仕事をする人）に適用される法律は

図表3－2のとおりです。

【図表3－2】ホームワーク従事者（自宅等で仕事をする人）に適用される法律

分　類	判断基準	適用される法律
①　「雇用労働者」である場合（在宅勤務）	労働契約、請負契約といった形式的な契約形態は関係なく、労働者性（使用従属性）の有無等で判断される	労働基準法、労働契約法、最低賃金法、労働安全衛生法、パート・契約法、育児・介護休業法、男女雇用機会均等法、労働施策総合推進法、労災保険法、雇用保険法、健康保険法、厚生年金保険法　等
②　「家内労働者」である場合（在宅就業の一部）	家内労働法の「委託を受けて、物品の製造、加工を行う者」に該当するか否かで判断される	家内労働法、民法（請負、準委任等に関する規定）、国民健康保険法、国民年金法

③　①, ②に該当しない場合（在宅就業者）	①, ②の各判断基準に該当しない者	民法（同上）. 国民健康保険法, 国民年金法

Q2　テレワークとは

A2　テレワークとは，情報通信ネットワークを利用して働き，勤務場所が会社に限定されない働き方のこと。

1　テレワークとは

　テレワークというのは，情報通信ネットワークを活用して，時間と場所に制約されることなく，自宅，サテライトオフィス（出先の小事務所），その他で，いつでも，どこでも仕事ができる働き方のことです。

2　テレワークの種類は

　テレワークは，ホームワークを含み，ホームワークよりも広い働き方をいいます。テレワークは，企業等との雇用関係の有無により，図表3－3のように2つに分類されます。

【図表3－3】テレワークの種類

契約の種類	働　き　方
委託・請負等の契約	SOHO（スモールオフィス, ホームオフィス＝在宅就業等）
労働契約（労働基準法等の労働法令が適用される労働者）	①在宅効務 ②サテライトオフィス勤務 ③リゾートオフィス勤務 ④直行直帰勤務 ⑤モバイルワーク（働く場所を固定しないもの）など

2 委託就業者の在宅就業

Q3 在宅就業とは

A3 業務委託契約により，自宅で働くこと。

1 在宅就業とは何か

　在宅就業というのは，就業者（個人事業者等）が会社（注文者）から業務処理請負，委託等を受けて，自宅でOA機器を使用して業務処理をすることをいいます。在宅就業者は，①仕事の依頼に対して諾否の自由がある，②会社から業務遂行上の指揮監督，勤務時間管理を受けない，ことなどから，労働基準法でいう「労働者」に該当しません。したがって，会社と在宅就業者の双方に，労働基準法，最低賃金法，労働安全衛生法その他の労働関係法令は適用されません。

　また，在宅就業者は，労働者に適用される社会・労働保険（雇用保険，労災保険，健康保険，厚生年金保険）には加入できません。会社はこれらの保険料の支払いをしなくてよいというわけです。

　ただし，一部の者は，労災保険に特別加入することができます。

2 在宅就業の主な業務は

　在宅就業の主な業務内容は図表3－4のとおりです。

【図表3－4】在宅就業の主な業務

文書入力，データ入力，設計・整備・デザイン，システム設計・プログラミング，ホームページ作成，ライター・翻訳，DTP，テープ起こし，調査・コンサルティング，計算処理・情報検索，取引文書作成・伝票整理等

（出典）厚生労働省「家内労働等実態調査結果報告書」による。

3　会社が在宅就業者に業務発注するメリット，デメリットは

　会社が在宅就業者に業務発注するメリット，デメリットは図表3－5，図表3－6のとおりです。

【図表3－5】在宅就業者に業務発注するメリット

- 家事，育児，介護などのために通勤勤務が難しい人，障害者等を労働力として活用できる。
- 自社の退職者で，技能，経験のある人を活用できる。
- 60歳以上の年金受給者を活用しやすい（厚生年金に加入しないので，在職年金額がカットされない）。
- 会社の業務量の増減に対応しやすい（業務委託契約には，法規制が少ない）。
- 社会保険料，ボーナス，退職金等の費用が不要なので，低コスト。
- 社内に仕事場をつくらずに済む。

【図表3－6】在宅就業者に業務発注するデメリット

- 仕事の内容について細かい指示がしにくい。
- 十分に目が届かず，納品されるまで仕事の出来具合がわからない。
- 兼業を禁止できず，企業秘密が外部に漏れ出すおそれがある。
- 社内に業務のノウハウが蓄積していかない。

Q4　在宅就業の業務委託契約書例は

A4　図表3－7のとおり。

　会社等が，在宅就業者に仕事を委託する際には，トラブルを防ぐため，次のことを記載した業務委託契約書を必ず作成し，在宅就業者と取り交わすことが欠かせません。
　①　委託者の氏名，会社名，所在地，電話番号
　②　就業者の氏名，住所，電話番号

③　工賃の支払場所，締切日，金融機関振込みの場合の金融機関名，口座番号

④　その他の委託条件

⑤　完成品の納期，検査の方法・基準，不良品・納期遅延の取扱い

上述のことを定めた業務委託契約書例は図表3−7のとおりです。

【図表3−7】会社等が在宅就業者と取り交わす業務委託契約書例

業務委託契約書

　委託者○○○○株式会社（以下甲）は，この契約に定める条件で○○○○に関する業務を委託者（以下乙）に委託し，乙はこれを受託する。この契約は労働契約ではないので，労働基準法，労働契約法，最低賃金法，労働安全衛生法，労災保険法その他の労働法令は甲乙双方に適用されない。

　当契約以外の事項，又は当契約に疑問が生じた場合には，双方で民法等の法令に基づいて協議する。

　甲及び乙は，当契約にもとづき業務上知り得た情報について，双方ともに相手方の同意なく無断で，他の目的に利用してはならない。

契約期間	令和　年　月　日〜令和　年　月　日
業務内容	
報酬額	単価：　　円　合計：　　　　円
支払期日	1．令和○年○月○日 2．納品後，日以内 3．毎月○日締め，○日支払い 4．その他（　　）
支払方法	1．乙指定の金融機関の口座に振込 　金融機関名： 　支　店　名：　　　　口座番号： 2．その他（　　）
納期	1．令和○年○月○日 2．毎月○日 3．毎週○曜日 4．その他（　　）

納品先	
不良品及び納期 遅延の取扱い	
その他	

令和　　年　　月　　日
委託者（甲）：
会社名
所在地
代表者氏名　　　　　　　　㊞
担当者氏名　　　　　　　　㊞
電話番号
受託者（乙）：　　　　　　㊞
住所
氏名　　　　　　　　　　　㊞
電話番号

3 | 従業員（雇用労働者）の在宅勤務等

Q5　従業員（雇用労働者）の在宅勤務制度とは

A5　従業員（雇用労働者）が会社に出勤せずに自宅で勤務すること。

1　在宅勤務制度とは

　この制度は，定年退職した社員を契約社員（期間雇用者）として再雇用し，在宅勤務させるものです。

　ここでいう在宅勤務の従事者は，労働基準法等の労働関係法令が適用される「雇用労働者」であり，家内労働者，内職従事者，請負就業者は含まれません。

2　在宅勤務のメリット

　在宅勤務のメリットとして，会社にとっては，①その社員の占有スペース（机など）を用意しなくてもよく，②出社にかかる費用（通勤手当ほか）も軽減できます。

　社員にとっては，毎日通勤しなくてもよく，自宅で自分のペースで仕事ができること，仕事と育児・介護などと両立できることなどが挙げられます。

　在宅勤務は，最近，ワーク・ライフ・バランス，つまり仕事と生活との調和という観点から注目されています。

　さらに，在宅勤務は新型コロナウイルス感染症の感染拡大防止のうえで，職場や通勤途中の密集を避けることができることから，最近，各企業が在宅勤務制度を導入し，急速に普及が進んでいます。

Q6　在宅勤務者（雇用労働者）と在宅就業者（委託・請負就業者等）との違い

A6　在宅勤務者には労働法が適用されるが，在宅就業者には適用されない。

　出勤して勤務する労働者の場合，事務所，工場等で，決められた始業時刻から終業時刻までの間，管理監督者の指揮命令のもとで働きます。

　ところが，自宅で働く者の場合，どのような要件に合っていれば在宅勤務者（雇用労働者）に該当し，どのようなケースが雇用労働者に該当しないか，つまり，在宅就業者（家内労働者，内職従事者，請負就業者等）に該当するか否かが問題となります。

　雇用労働者には労働関係法令が適用され，労働・社会保険（雇用保険，労災保険，健康保険，厚生年金保険），給与からの源泉徴収，最低賃金の適用，労働安全衛生確保の措置等が行われます。

　しかし，雇用労働者でなければ労働関係法令は適用されず，労働・社会保険に加入する必要もありません。

　自宅で仕事をしている者のうち，どのようなケースが労働基準法等が適用される労働者であるかについての判断ポイントは，次のとおりです。

①　仕事の依頼，業務従事の指示等について就業者にその引受けや承諾をするか否かの自由がある場合は，ほぼ雇用労働者ではない

②　会社が業務の具体的内容，やり方を指示し，進み具合を管理している場合，または勤務時間が定められ，本人の報告により会社が管理している場合は雇用労働者の性格が強い

③　報酬が，時間給，日給，月給等，時間を単位として決められている場合，自宅に設置する機械，器具が会社から無償貸与されている場合，または他社の業務に従事することができない場合は，雇用労働者の性格が強い

　契約書の名称が雇用契約，請負契約，委託契約のいずれであるかだけでなく，以上のような実際の働く状況により判断されます。

74

Q7	企業はどのような在宅勤務制度を導入するのがよいか

A7	3つのタイプの中から選ぶ。

　自社に在宅勤務制度を導入する場合には，主に図表3－8のタイプ（実施形態）が考えられます。自社の従業員の担当業務，従業員個々人の事情等に合わせたタイプを導入してください。

【図表3－8】在宅勤務の3タイプ

実施形態	対象従業員
1　出勤勤務中心型 　勤務日は，原則として会社に出勤して勤務する。週のうち1日，2日あるいは1カ月のうち5日までといったように勤務日数を決めて，その範囲内で，社員が希望する日については，自宅等で勤務することを認める。	一般社員のうち通勤距離の長い者，高年齢者など
2　みなし労働時間制適用型 　労働基準法のみなし労働時間制（専門業務型または事業場外労働型）を実施するのに合わせて，一定日数については，社員の出勤を免じ，自宅で勤務できるようにする。	研究員，営業担当など
3　自宅勤務中心型 　社員は，主として自宅などで勤務をし，週1～2回程度，業務の打ち合わせ，事務用品・材料の受取り，完成品の納品等のため会社に出勤する。	育児・介護をしている者，障害者，高年齢者など

Q8	企業が在宅勤務社員に適用する就業規則のモデル例は

A8	次のとおり。

　在宅勤務社員は，労働基準法が適用される雇用労働者（社員）です。このため，自社で在宅勤務制度を実施する場合には，あらかじめ，就業規則に制度内容を定めておくことが必要です。

まず，就業規則（本則）に次の規定を設けます。

> （在宅勤務制度）
> 第○○条　会社は，在宅勤務制度（社員が自宅で勤務することを認める制度）
> 　を設ける。
> 2　在宅勤務制度の内容については，別に在宅勤務規程を設ける。

さらに就業規則（本則）の別規則として次のような在宅勤務規程を設け，改
正した本則とあわせて労働基準監督署に届け出ます。

図表3−9の在宅勤務規程は，事業場外労働に関するみなし労働時間制（労
基法38条の2）にもとづく在宅勤務制度を導入する場合の規程例です。

会社が在宅勤務社員の労働時間，休日等を管理する，在宅勤務社員が他社の
業務を行うことを禁止する等が就業規則（在宅勤務規程）で明確になっている
場合は，その在宅勤務社員は，労働基準法その他の労働関係法令が適用され，
雇用労働者として取り扱われ，社会保険・労働保険に加入できます。これらの
点で，在宅就業者（業務処理請負，業務受託，家内労働等）とは異なります。

【図表3−9】在宅勤務規程（例）

> ### 在宅勤務規程
>
> （目的）
> 第1条　この規程は，社員の通勤時間を短縮するとともに業務の効率化を図る
> 　ことにより，企業人としての生活と，家庭人・個人としての生活のゆとりあ
> 　る両立を目指し，一層の勤労意欲向上に資するため，在宅で業務を遂行する
> 　者の勤務条件等について定めたものである。
> （本規程と就業規則等との関係）
> 第2条　この規程に定めのない事項については，就業規則及び労働契約書（兼
> 　労働条件通知書）に定めるところによる。
> 2　在宅勤務者については，労働基準法その他の労働関係法令が適用される。
> （事務の主管）
> 第3条　在宅勤務制度の主管部署は総務部とする。
> （適用）

第4条　この制度は，次の①〜③のすべての要件を満たす者に適用する。
　①　第5条に定める在宅勤務の申請日現在で勤続2年以上の者
　②　自宅に通信回線接続のパソコン又はファックスを所有し，必要な時に情報の送受信ができる者
　③　所属長の承認を得た者

（手続き）

第5条　在宅勤務を希望する者は，所定の「在宅勤務申請書」を所属長に提出し，その承認を得たうえで総務部所管の「在宅勤務者名簿」に登録し，「在宅勤務登録票」を受領しなければならない。

（勤務場所）

第6条　在宅勤務者の就業場所は，原則として自宅とする。ただし，別途指示があった場合，又は業務の都合で自宅以外の場所が勤務場所となるときは，「自宅外勤務連絡書」により総務部に届け出るものとする。

（勤務時間等）

第7条　在宅勤務者については，労働基準法第38条の2に規定する事業場外労働に関するみなし労働時間制を適用し，所定労働時間勤務したものとみなす。

2　在宅勤務者が時間外労働，休日労働，又は深夜労働を行おうとするときは，あらかじめEメール，ファックス等により所属課長に届け出なければならない。

3　在宅勤務者は，年次有給休暇又は慶弔休暇を取得するときは，その旨を前日までに，Eメール，ファックス等により所属課長に届け出なければならない。

（報告）

第8条　在宅勤務者は，次の方法により自己の勤務状況，業務の進捗状況等を会社に報告しなければならない。
　①　Eメール・ファックスによるもの
　　イ　業務日報…勤務状況，業務の進捗状況等。毎日
　　ロ　指示事項…Eメール又はファックスによることを求められた報告等。適宜
　②　電話によるもの
　　イ　急を要する事項…至急の案件の連絡・確認。随時
　　ロ　勤怠の事項…傷病等により勤務ができない時あるいは年次有給休暇等の休暇申請の時。その時

2　前項にかかわらず，別途様式の指定を受けた業務については，その指定に従い報告するものとする。

（出社命令）

第9条　会社は，業務上の必要に応じ，在宅勤務者の出社日を定める。

2　在宅勤務者は，出社日には，会社の指示どおり出社しなければならない。

3　前項の場合には，会社は在宅勤務者に交通費（実費）を支給する。

（給与）
第10条　在宅勤務者の給与については，○○社員給与規程に定めるところによる。
（費用の負担）
第11条　在宅勤務に伴って発生する光熱費，通信費等の費用は在宅勤務者本人
　　の負担とする。
2　前項にかかわらず，指示により自宅外勤務が生じた場合の交通費その他会
　　社が認めた費用については，会社負担とし，日報で報告のうえ，給与支給日
　　に精算する。
（研修・教育）
第12条　会社は，在宅勤務者に対して，必要に応じ，職務研修及び安全衛生教
　　育を行う。
（兼業禁止）
第13条　在宅勤務者は，他社の雇用労働，業務処理請負等をいっさい行っては
　　ならない。
（秘密の厳守）
第14条　在宅勤務者は，業務上知りえた企業秘密，個人情報等を家族その他の
　　他者にいっさい漏らしてはならない。
2　前項に違反した場合は，就業規則の関係規定にもとづき，懲戒処分を行う。
（復帰）
第15条　在宅勤務者が次の各号のいずれかに該当したときは，通常の出勤勤務
　　形態に復帰するものとする。
　①　指定期間が満了したとき
　②　指定期間満了前に本人の申請があり，会社が認めたとき
　③　会社から通常勤務への復帰命令がなされたとき
（施行期日）
附則　この規程は，令和○年○月○日から施行する。

Q9　サテライトオフィス勤務制，リゾートオフィス勤務制とは

A9　前者は，企業が社員を自分の住居近くの小事務所に勤務させる制度。後者は，リゾート地にオフィスを設け，そこで勤務させる制度。

　「サテライトオフィス勤務制」というのは，超過密の大都市にある本社事務所などとは別に，社員の住居の近くに小事務所を設け，社員の一部をそこに勤

務させるものです。本社等とサテライトオフィスとの間の業務連絡は，インターネットなどを用います。

　サテライトオフィス勤務制に向いている業務は，一定期間，１人あるいはそのオフィスのメンバーのみで集中して行うほうが効率的なものです。たとえば，各種の企画，調査分析，研究，コンピュータのシステム・ソフトウェアの作成，建築・機械等の設計，図書・雑誌の編集等です。

　「リゾートオフィス勤務制」というのは，リゾート地にオフィスを設け，そこに勤務させるものです。サテライトオフィス勤務をさらに発展させたものといえます。自然環境に恵まれ，リフレッシュ施設なども整っているリゾート地で，創造的な研究開発などを進めようというのがその狙いです。

　なお，サテライトオフィス，リゾートオフィス等で常時10人以上の社員が勤務している場合は，労働基準法上で，１つの事業場として取り扱われます。このため，その事業場の所在地を管轄する労働基準監督署に，次の書類を届け出ておかなければなりません。

①　その事業場の社員に適用される就業規則

②　時間外・休日労働に関する労使協定（社員に時間外労働または休日労働を行わせる場合は，事前に）

Q10　再雇用社員直行直帰勤務制度

A10　営業・販売などの職種に適した再雇用制度。

　「直行直帰勤務制度」というのは，雇用労働者が会社に出勤せず，自宅から直接顧客への訪問，販売等に出かけ，勤務が終わったら直接帰宅する制度です。

　業務内容は，多くは訪問，販売，客へのアフターサービス，小売店に対する販売状況・売れ筋商品の早期把握，市場調査などです。

　この制度のメリットは，次のとおりです。

①　通勤時間が必要ない

②　ケースによっては，社員の自宅を拠点にして営業活動を行わせることにより，会社は営業所を設置する必要がない

③　会社は，地域に密着したきめ細かく迅速なサービスを提供できる

　なお，この制度を導入する場合には，就業規則に「事業場外労働に関するみなし労働時間制」を適用する規定を設け，労働基準監督署に届け出ておかなければなりません。

4 みなし労働時間制

Q11 みなし労働時間制とは

A11 実労働時間ではなく，一定の労働時間働いたものとみなす制度。

1 みなし労働時間制の趣旨は

さまざまな業務のなかには，外交セールス，訪問調査，工事，サービスなど事業場の外で行われるために実労働時間の算定が難しいものや，専門職・研究職・主要事業場の企画部門で働く人など，業務の性質上その業務の具体的遂行については労働者の裁量に委ねる必要があるため使用者の具体的な指揮監督になじまず，通常の方法による労働時間の算定が適切でない業務があります。

みなし労働時間制とは，このように労働時間を算定しにくい業務について，一定時間の労働をしたものと「みなす」制度です（労基法38条の2～38条の4）。

たとえば，1日の実際の労働時間が8時間30分でも9時間30分でも，平均すると9時間というのであれば，その業務の労働時間は9時間とみなして算定するわけです。「みなし労働時間」は，使用者が独自に，あるいは労使協定，労使委員会決議にもとづいて決めます。

2 みなし労働時間制の適用業務は

みなし労働時間制の適用は，次の3業務に限られています。
① 事業場外の労働（在宅勤務，直行直帰の外交セールス等）
② 専門業務型の裁量労働（専門職・研究職）
③ 企画業務型の裁量労働（企画部門）

3　みなし労働時間制導入時の留意点は

　その事業場で実労働時間の算定についてみなし労働時間制を採用した場合でも，労働基準法の時間外労働，休日，休憩時間，深夜業等に関する規定はそのまま適用されます。したがって，次の点などに留意することが必要です。

①　みなし労働時間制により算定される労働時間が法定労働時間（1日8時間，1週40時間）を超える場合には，事前に，時間外・休日労働協定を結び，割増賃金（25％以上）を支払う。

②　法定休日（1週に1日，または4週に4日の休日）に労働させる場合には，①の時間外・休日労働協定を結び，割増賃金（35％以上）を支払う。

③　所定の休憩時間を定め，その時間に休憩をとるように指示する。

④　深夜業禁止の対象者は，午後10時～翌日午前5時の間は就労させない。

⑤　深夜時間帯に労働させた場合には，割増賃金（25％以上）を支払う。

Q12　事業場外労働のみなし労働時間制とは

A12　在宅勤務など会社の事業場以外の場所で勤務する従業員に「みなし労働時間制」を適用する。

1　対象業務は

　みなし労働時間制の適用される事業場外労働とは，事業場の外で働くため，使用者が実労働時間を把握できない業務のことです。たとえば，訪問による営業，工事，調査，サービス提供，出張等が該当します（労基法38条の2）。

2　労働時間の扱い方は

　事業場外みなし労働の労働時間は次のように扱います（労基法38条の2）。

(1)　実労働時間に関係なく所定労働時間の労働とみなす場合

　労働時間の全部を事業場外で労働した場合，所定労働時間の労働をしたものとみなします。実際の労働時間が一部，つまり，所定の時間に満たなくても所定労働時間の労働をしたものとみなします。

　たとえば，1日中取材で外出し，会社にまったく出社しなくても，「就業規則で勤務は午前8時から午後5時まで，休憩時間は1時間」と定めてあれば，その日の実労働時間は8時間であるとみなします。

(2)　実労働時間が，通常，所定労働時間を超える場合

　その業務を遂行するのに，所定労働時間を超えて労働することが常態である場合は，使用者がその業務に必要な時間，労働したとみなします。

(注) 所定時間を超過する労働時間は，残業手当，時間外労働手当の対象となります。

(3)　労使協定で労働時間の取扱いを決める場合

　常態的に時間外労働が必要な業務の場合，使用者の判断で労働時間を特定するほか，労使協定でその業務の「みなし労働時間」を決めておく方法もあります。

　たとえば，セールス業務については通常9時間の労働を要すると労使で協定すれば，その業務に従事する労働者は9時間労働したとみなすわけです。

(注) 超過勤務となる1時間は時間外労働として扱います。

(4)　みなし労働の対象とならないケース

　事業場外の労働でも，次の例のように，使用者が実労働時間を把握できる場合には，みなし労働時間制は適用されず，実労働時間どおりの扱いとなります。

①　グループで働いていて，メンバーのなかに労働時間の管理をする者がいる場合

②　携帯電話，無線，ポケットベル等により，随時，使用者の指示を受けながら働く場合

③　事業場で訪問先や帰社時刻等の指示を受けたうえで外で仕事をし，その後，事業場に戻る場合

Q13　事業場外労働のみなし労働時間制に関する就業規則・労使協定のモデル例は

A13　図表3−10，図表3−11のとおり。

事業場外労働のみなし労働時間制について就業規則に規定するときは，図表3−10の規定例を使います。また，労使協定のモデル例（届出書を兼ねたもの）は，図表3−11のとおりです。

【図表3−10】就業規則（本則）のモデル規定例——事業場外労働のみなし労働時間制

> 第○○条　従業員が労働時間の全部又は一部について事業場外で業務に従事した場合であって，労働時間を算定することが困難なときは，所定労働時間の労働をしたものとみなす。
> ② 前項の事業場外の労働について，当該業務を遂行するために，あらかじめ，所定労働時間を超えて労働することが必要であるとして，労働基準法第38条の2の規定の定めるところにより労使協定を締結した場合には，労使協定で定めた時間の労働をしたものとみなす。

【図表3−11】労使協定のモデル例——事業場外労働のみなし労働時間制

様式第12号（労働基準法施行規則第24条の2第3項関係）

事業場外労働に関する協定届

事業の種類	事業の名称	事業の所在地（電話番号）		
業務の種類	該当労働者数	1日の所定労働時間	協定で定める時間	協定の有効期間
時間外労働に関する協定の届出年月日				

協定の成立年月日　令和　年　月　日
協定の当事者である労働組合の名称
又は労働者の過半数を代表する者の　職名
　　　　　　　　　　　　　　　　　氏名
協定の当事者（労働者の過半数を代表する者の場合）の選出方法
（　　　　　　　　　　　　　　　　　　　　　　　　　）
令和　年　月　日

　　　　　　　　　　　　　　使用者　職名
　　　　　　　　　　　　　　　　　氏名　　　　　　　㊞

○○労働基準監督署長殿

第4章

70歳までのさまざまな雇用確保制度

Q1　定年退職者の再雇用制度とは

A1　社員を定年退職させた後，異なる社内身分，雇用形態，労働条件で再雇用するケースが大多数。

1　再雇用制度のしくみとメリット

　再雇用制度というのは，正社員のうち定年年齢到達者を定年退職させたのち，再度，定年前とは異なる社内身分，雇用形態，労働条件等で雇い入れるものです。大多数の場合，1年ないし数年間の臨時，嘱託，パートタイマーとして雇用契約を結びます。また，正社員（短時間正社員を含む）として再雇用する場合もあります。

　再雇用制度は，定年年齢の引上げや定年制の廃止など他の雇用確保措置の導入に比べ，企業にとって次のようなメリットがあります。

①　1年から数年ごとの契約更新といった形で雇い入れるため，比較的容易に雇用調整（雇止めなど）をすることができる

②　会社は，従業員を臨時，嘱託，パートタイマー等といった形で再度雇い入れるため，賃金，出勤日数，労働時間等の労働条件を，定年退職する前までとまったく異なる内容とし，自由に決めることができる

2　再雇用社員の範囲・基準

　再雇用制度の対象となるのは，原則として自社の定年退職年齢到達による退職者のうち再雇用を希望する者全員です。

3　再雇用の契約期間

　再雇用の場合の雇用契約期間については高年齢者雇用安定法では制限はありません。1年契約とし，必要に応じて契約を更新するのが一般的と考えられます。

　労働基準法上は，60歳を超える労働者を雇い入れる契約について，1回の契約で最長5年とすることが可能です。

　なお，使用者は，労働者と期間の定めのある労働契約（有期契約）を結ぶ際には，契約期間満了後における契約更新の有無を明示することが義務づけられています。したがって，使用者は，労働者が一定年齢（たとえば，60歳の者が70歳）に達するまで「勤務に支障がある場合を除き，自動的に更新する」ことを明示しなければなりません。

　なお，本人の職務能力，健康状態，勤務状況等を理由として，65歳より前に契約更新を拒否する場合には，その契約満了の30日前までに雇止めの予告をしなければなりません。

4　再雇用社員の業務内容，労働条件等

　定年退職者の再雇用後の労働条件，処遇等については，高年齢者雇用安定法でとくに規制は設けられていません。

　このため，起こりうる諸問題を考慮し，

①　フルタイム，パートタイムなどの勤務形態，業務内容の変更をどうするのか

②　自社の従業員数その他からして，どのような勤務編成が可能か

③　勤務日数，勤務時間について対象従業員の希望はどうなのか

④　賃金はどのようにすべきか

などを決めることになります。

　また，賃金額をいくらにすべきかについても，高年齢者雇用安定法ではなんら規制や指針は示されていません。ただし，最低賃金法で定める最低賃金額（191頁図表6－3）以上でなければなりません。

　各社で，その高年齢者の職務内容や能力，さらには本人が受け取れる年金額，給付金や助成金の金額等を加味して決めることとなります。

Q2　再雇用制度①　再雇用契約社員制度とは

A2　定年退職者をフルタイム（1週間40時間等の勤務）の有期契約で再雇用するもの。

1　再雇用契約社員制度とは

　再雇用契約社員制度は，定年退職者を雇用期間が定められた契約のフルタイマー（1日8時間，1週40時間以内勤務）として再雇用し，一定年齢（たとえば70歳）に達するまで契約更新するものです。

　1回ごとの契約期間は，5年以内であればどのような期間でもさしつかえありません。実際には1年契約で更新を繰り返すケースが大多数だと思われます。図表4－1に例を示しますが，この中のBコースというのは，1年の契約更新ごとに，所定労働時間と賃金額を徐々に減少させていくものです。

2　就業規則のモデル例

　再雇用契約社員制度を設ける場合の就業規則（本則）例は図表4－2，再雇用契約社員就業規程（別規則）例は図表4－3のとおりです。また，労働契約書の例は図表4－4のとおりです。

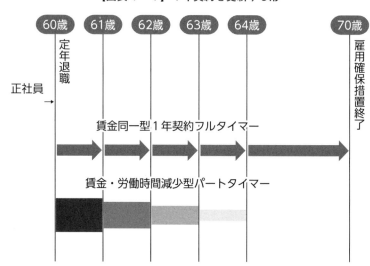

【図表4－1】 1年契約を更新する形

60歳　定年退職
正社員 →

賃金同一型1年契約フルタイマー

賃金・労働時間減少型パートタイマー

61歳　62歳　63歳　64歳　70歳　雇用確保措置終了

【図表4－2】再雇用契約社員制度についての就業規則（本則）の規定例

第○条　正社員の定年は満60歳とし，60歳に達した月の末日をもって退職とする。ただし，高年齢者雇用安定法第9条第2項にもとづく労使協定の定めるところにより，次の各号に掲げる基準のいずれにも該当する者については，契約社員として再雇用を行う。
① 当社の正社員として勤続20年以上であること
② 本人が60歳定年退職後引き続き当社で勤務することを希望する旨事前に申し出ていること
③ 60歳定年退職時において，主任以上の地位にあること。又は60歳定年退職前の過去3年間に無断欠勤が1日もないこと
2 再雇用後の契約期間は，原則1年とし，本人の勤務状況その他を勘案して反復更新するものとする。
3 再雇用の上限年齢は65歳とする。
4 再雇用後の契約社員の勤務形態としては，次の各号のものを設け，会社の勤務編成事情，被再雇用者の希望等にもとづき，会社が各人ごとに決定する。
① 嘱託社員…正社員と同じ勤務日数，勤務時間の者
② 短時間勤務社員…1週間の勤務時間が正社員よりも短い者
5 再雇用に関するその他の事項については，別に定める再雇用契約社員就業規程による。

【図表4－3】再雇用契約社員就業規程（別規則）（例）

(目的)
第1条　この規程は，正社員就業規則第○条の規定にもとづき，定年退職した者のうち再度の雇用を希望する者について，その取扱い，労働条件等を定めたものである。

(定義)
第2条　この規程において，次の用語の意味は各号に定めるとおりとする。
　①　定年退職者　正社員就業規則第○条により定年退職した者をいう。
　②　再雇用　会社が前号の者を，再度雇用することをいう。
　③　再雇用者　前号により再雇用された者をいう。

(対象者)
第3条　この規程は，定年退職時に正社員で，再雇用を希望する者を対象者とする。

(再雇用の要件)
第4条　会社は，定年退職者で再雇用を希望することを会社に事前に申し出た者のうち，次の各号のいずれかに該当する者を再雇用する。
　①　当社で次のいずれかの業務に，合計20年以上従事し，60歳定年退職時点で主任以上の地位にあった者
　　イ　○○の製造業務
　　ロ　○○の販売業務
　　ハ　○○の運搬，配達の業務
　②　60歳定年退職の前3年間に無断欠勤が1日もなかった者

(再雇用者の身分，雇用期間)
第5条　再雇用者は，契約社員とする。
2　再雇用の契約期間は1カ年とし，原則として，満65歳に達するまで更新することができる。

(再雇用の手続き)
第6条　再雇用を希望する者は，人事担当部長に対して次に掲げる手続きを所定の日までに完了しなければならない。
　①　「再雇用希望申請書」の提出
　②　面接
　③　会社が指定した健康診断結果の提出

(職場及び職務)
第7条　再雇用された者の職場及び職務は，本人の希望・知識・技能・経歴・適性・健康状況並びに要員・雇用状況等を総合的に勘案して，会社が決定する。

(勤務日，勤務時間)
第8条　再雇用者の勤務日，勤務時間等は，正社員と同様とする。

（給与）

第9条　再雇用者の給与は，月例給与及び通勤交通費とする。

2　月例給与は，会社が本人から事情聴取したうえで，次の事項を考慮して1年ごとに年間支給額を決定する。

　①　本人の担当職務，職務遂行能力等

　②　在職老齢年金の受給額

　③　高年齢雇用継続基本給付金の受給額

3　月例給与は，前月分を翌月20日に支給する。ただし，20日が所定休日の場合は，翌週の月曜日とする。

（年次有給休暇）

第10条　定年退職時に保有する年次有給休暇は，再雇用後に持ち越すこととする。

2　年次有給休暇の付与日数の計算上，勤続年数は定年前と定年後を通算する。

（福利厚生）

第11条　再雇用者の福利厚生については，原則として，正社員と同一の取扱いとする。

（社会・労働保険の継続加入）

第12条　再雇用者の健康保険，厚生年金保険，雇用保険，労災保険等への加入，取扱いは，定年退職前から継続して行うものとする。

（退職）

第13条　再雇用者が次の各号のいずれかに該当するときは，退職とする。

　①　本人が死亡したとき

　②　雇用契約期間が満了し，更新しないとき

　③　満65歳に達したとき

　④　本人が自己都合により退職を希望するとき

　⑤　理由の如何を問わず，将来にわたって正常な就業が期待できず，雇用の継続が不可能であると会社が判断したとき

　⑥　正社員就業規則第○条に該当し懲戒解雇となったとき

2　退職者に対しては，退職金を支給しない。

（就業規則，法令等の準用）

第14条　この規程に定めのない事項については，正社員就業規則及び労働基準法その他の法令を準用する。

（雇用契約書（兼労働条件通知書）の交付）

第15条　会社は，再雇用を行う際，及びその雇用契約を更新する際には，再雇用者に対して，別紙の雇用契約書（兼労働条件通知書）を交付し，労働条件を明示する。

（施行期日）

附則　この規程は，令和○年○月○日から施行する。

2　この規程は，施行日に，すでに再雇用されている定年退職者に対しても適用する。

【図表4－4】労働契約書（兼労働条件通知書）の例

労働契約書（兼労働条件通知書）

　○○株式会社（以下「甲」という。）と，○○（以下「乙」という。）は，下記により雇用契約を締結する。

　この契約書の記載事項は，就業規程に優先する。この契約書に記載のない事項については，その社員に適用される就業規程に定めるところによる。

雇用期間	令和○年○月○日～令和○年○月○日
就業場所	○○株式会社
所在地	東京都千代田区神田駿河台○－○
電話	○○－○○○○－○○○○
業務内容	○○○○
契約労働時間	午前9時～午後5時（実働7時間）
休憩時間	正午～午後1時
時間外労働	甲の所定外労働時間に関する労使協定による1日5時間，月間45時間，年間360時間の範囲内とする。
所定休日	毎週土，日曜日
賃金	基本給　時給　○○○円 通勤手当　実費 昇降給　無 賞与　無 退職金　無
割増賃金	時間外　25% 深夜残業　○○% 休日労働　○○%
賃金支払い時の控除	所得税，住民税，健康保険・厚生年金保険・雇用保険の保険料労使協定にもとづく賃金控除有（○○代）
賃金支払方法	月1回支払い（月末締め　24日支払い）
年次有給休暇	6カ月継続勤務で10日

加入社会・労働保険	健康保険　介護保険　厚生年金保険　雇用保険　労災保険
雇用期間中の解雇・退職	1　雇用期間中であっても，乙が希望するときは，30日前に申し出ることにより退職できる。 2　その社員に適用される就業規程に定める解雇事由のあるとき，甲は乙を解雇できる。ただし，労働関係法令に従う。
雇用契約の更新	業務の見直しによる業務量の増減，乙の能力・勤務態度・健康状態，甲の事業所成績・経営状況等を総合的に勘案し，契約更新の有無，及び更新する場合は，更新後の業務内容，賃金（増減）等を決定し，期間終了30日前までに乙に通知する。

　　　　　　　　　　甲　○○株式会社
　　　　　　　　　　　　専務取締役　○○　○○　㊞

　　　　　　　　　　乙　　　　　　　○○　○○　㊞

Q3　再雇用制度②　パートタイマー制度とは

A3　定年退職者を短時間労働者として再雇用する。

1　再雇用パートタイマー制度とは

　再雇用パートタイマー制度とは，定年退職者を再雇用する場合，パートタイマー（短時間労働者）として雇用するものです。つまり，1週間当たりの勤務時間を正社員であったときよりも短くするわけです。

2　パートタイム労働者（パートタイマー）とは

　一般的に，パートタイム労働者（短時間労働者）とは，通常の労働者（1週間に40時間勤務するフルタイマー）に対比される言葉です。パートとは「部分

的」という意味です。

パートタイム労働者とは，具体的には，次のいずれかの労働者のことをいいます。

① 毎日働く労働者については，1日の所定労働時間が通常の8時間勤務の労働者よりも短い労働者

② 1週または1カ月の間に反復して働く労働者については，1日の所定労働時間の長短を問わず，1週間または1カ月の所定労働時間が通常の1週40時間勤務する労働者よりも短い労働者

Q4　「パートタイム労働者就業規則」の作成例とポイントは

A4　次のとおり。

図表4－5の就業規則例は，正社員等に適用される就業規則とは別に，パートタイム（短時間）労働者のみに適用される就業規則を作成（変更）する場合の参考例です。具体的な条文の例だけでなく，作成のポイントと留意点も掲載してあります。

この就業規則例は，適用する範囲を高年齢者に限定せず，その事業所の高年齢者を含む，すべてのパートタイマーに適用する形態で作成してあります。

【図表4－5】パートタイム労働者就業規則（例）

パートタイマー就業規則

第1章　総則

（目的）
第1条　この規則は，○○株式会社○○事業所（以下「会社」という。）に雇用されるすべてのパートタイマーの労働条件，服務規律その他の就業に関することを定めたものである。

2　この規則に定めのないことについては，労働基準法その他の労働関係法令及び個別の労働契約に定めるところによる。
（定義）

第2条　この規則は，所定労働時間が1日○時間以内，1週○○時間以内又は
　　1カ月○○○時間以内の契約内容でパートタイマー（短時間労働者）として
　　当社に雇用された者に適用する。
2　パートタイマーは，時間給勤務者とし，原則として，雇用期間を定めて雇
　用する。
（規則の順守）
第3条　パートタイマーは，この規則及び会社の業務上の指示・命令を順守し，
　誠実に業務に従事しなければならない。

第1条の解説
1　一般従業員（正社員）の就業規則のなかに「この就業規則は契約社員，
　パートタイマー，アルバイト，日雇等の労働者には適用しない。これら
　の者については，別に定めるところによる」ことを規定しておくことが
　必要です。
2　第1条第2項の規定を設けることにより，パートについて当就業規則
　に規定がない事項については労働基準法，労働契約法，最低賃金法，労
　働安全衛生法，男女雇用機会均等法，育児・介護休業法，パート・有期
　雇用労働者法その他の法令の定めるところによることとなります。
第2条の解説
1　この定義規定には，その事業所として，「パート」とし，正社員等とは
　異なる労働条件，待遇，取扱いとする者の範囲を明確に定めてください。
2　正社員との区別をはっきりさせるために「雇用期間」を定めることと
　しています。
3　パート・有期雇用労働者法では，「『短時間労働者』とは，1週間の所
　定労働時間が同一の事業所に雇用される通常の労働者よりも短い労働者
　のことをいう」と定めています（2条）。自社の就業規則で定めるパート
　の定義は，これと異なっても何らさしつかえありません。

第2章　採用及び労働契約
（採用）
第4条　会社は，パートタイマーの採用にあたっては，当社のパートタイマー
　として就職を希望する者のうちから選考して採用する。
2　パートタイマーとして採用された者は，出勤する初日に，次の書類を提出
　しなければならない。ただし，採用時に提出した書類は省略できる。
　一　履歴書
　二　誓約書（パートタイマー用）
　三　通勤届

四　その他会社の求める書類

第4条の解説
　採用時の提出書類と提出期限を記載しておくことが必要です。ただし，提出書類の種類と様式は，実情にあわせ，会社にとって必要で簡便なものとし，パートに必要以上に負担にならないものとしてください。

（試用期間）
第5条　パートタイマーについては，採用後2週間を試用期間とする。
2　試用期間中にパートタイマーとして不適当な事由があったときは，即時解雇する。
（労働契約の期間）
第6条　会社は，労働契約の締結に当たって期間の定めをする場合には，3年（満60歳以上のパートタイマーとの契約については5年）の範囲内で，契約時に本人の希望を考慮のうえ各人別に決定し，別紙の労働条件通知書で示すものとする。ただし，必要に応じて契約を更新することができるものとする。
（労働条件の明示）
第7条　会社は，パートタイマーの労働契約の締結に際しては，別紙の労働契約書（兼労働条件通知書）及びこの規則の写しを交付して労働条件を明示するものとする。

第3章　服務規律

（服務規律）
第8条　パートタイマーは，業務の正常な運営を図るため，会社の指示命令を守り，誠実に服務を遂行するとともに，次の各事項をよく守り，職場の秩序の保持に努めなければならない。
　⑴　本規則及び労働契約書（兼労働条件通知書）に定められた事項を守ること。
　⑵　上司の指示命令に従い，誠実に業務に従事すること。
　⑶　会社の名誉又は信用を傷つける行為をしないこと
　⑷　会社，取引先等の機密及び個人情報を他に漏らさないこと
　⑸　遅刻，早退，私用外出及び欠勤をしないこと。やむを得ず遅刻，早退，私用外出及び欠勤をするときは，事前に上司に届け出てその承認を得ること。
　　　事前に上司に届け出ることができない事情がある場合には，事後すみやかに届け出ること。
　⑹　勤務時間中は，みだりに定められた場所を離れないこと
　⑺　許可なく職務以外の目的で会社の施設，物品等を使用しないこと
　⑻　職務を利用して自己の利益を図り，又不正な行為を行わないこと

(9)　その他，業務の正常な運営を妨げ，又は職場の秩序を乱し，又は顧客あるいは取引先等に不快感を与えるような行為を行わないこと

第8条の解説
1　この服務規律では，標準的な事項を例示しています。
　その事業所として他に必要な事項があれば追加してください。
2　この服務規律に記載されている事項に違反した場合には懲戒処分（制裁）の対象になります。懲戒処分については，この就業規則の第39条，第40条に記載しています（105ページ参照）。

第4章　労働時間，休憩及び休日

（労働時間及び休憩）
第9条　パートタイマーの契約労働時間は1日○時間以内とする。
2　始業及び終業の時刻並びに休憩時間は，次表の3班の中から各パートタイマーに選択させるものとし，各人別に定め，労働契約書（兼労働条件通知書）により当人に知らせる。

勤務	始業時刻	終業時刻	休憩時間
A班	○時○分	○時○分	○時○分から○時まで
B班	○時○分	○時○分	○時○分から○時まで
C班	○時○分	○時○分	○時○分から○時まで

3　各パートタイマーの班別所属については，3カ月ごとに各パートタイマーの希望を聴いて調整，決定したうえで本人に通知する。
4　前項の規定にかかわらず，業務の都合その他やむを得ない事情により始業及び終業の時刻並びに休憩時間を繰り上げ，又は繰り下げることがある。
5　休憩時間は，自由に利用することができる。ただし，構外に外出する場合は，その旨を上司に届け出なければならない。

第9条の解説
1　パートの所定労働時間のパターンはいくつあってもさしつかえありません。ただし，標準的なパターンについては就業規則に定めておかなければなりません。
2　契約労働時間（各パートの所定労働時間）については，あらかじめ就業規則に規定し，本人に通知すれば，これを繰り上げ，繰り下げ，短縮し，または延長することができます。ただし，延長する場合は法定労働時間（1日8時間，1週40時間）以内にしなければなりません。
3　契約労働時間を超えて労働させる場合には，就業規則にその旨を規定しておかなければなりません（第11条参照）。

　なお，法定労働時間を超えて労働させる場合には，あらかじめ時間外労働協定（三六協定）を締結し，労働基準監督署長に届け出ることが必要になります。

（所定休日）
第10条　パートタイマーの所定休日は，次のとおりとする。
　⑴　日曜日及び土曜日
　⑵　国民の祝日（振替休日を含む。）及び国民の休日（5月4日）
　⑶　年末年始（12月○○日より，1月○日まで）

第10条の解説
　パートの所定休日については，毎週1日または4週に4日間，労働義務のない日があれば適法です。

（所定休日の振替）
第11条　前条の所定休日については，業務の都合によりやむを得ない場合は，あらかじめ本人に通知したうえで他の日と振り替えることがある。ただし，所定休日は4週間を通じ8日を下回らないものとする。
（時間外・休日労働）
第12条　会社は，パートタイマーについては，原則として契約労働時間を超えて労働させ，又は契約労働日以外の日に労働させないものとする。
2　前項の規定にかかわらず，業務の都合上，やむを得ない場合には，契約労働時間を超えて，又は契約労働日以外の日に労働させることができる。
（出退勤手続き）
第13条　パートタイマーは，出退勤にあたって，各自のタイムカードにより，出退勤の時刻を記録しなければならない。
2　タイムカードは自ら打刻し，他人にこれを依頼してはならない。

第5章　休暇等
（年次有給休暇）
第14条　パートタイマーが6カ月以上継続して勤務し，会社の定める所定労働日数の8割以上出勤したときは，次表のとおり年次有給休暇を与える。

所定労働時間	出勤日数		継続勤務した期間に応ずる年休の日数						
	週で定める場合	週以外で定める場合	6カ月	1年6カ月	2年6カ月	3年6カ月	4年6カ月	5年6カ月	6年6カ月以上
週30時間以上			10	11	12	14	16	18	20
週30時間未満	週5日以上	年間217日以上	10	11	12	14	16	18	20
	週4日	年間169～216日	7	8	9	10	12	13	15
	週3日	年間121日～168日	5	6	6	8	9	10	11
	週2日	年間73日～120日	3	4	4	5	6	6	7
	週1日	年間48日～72日	1	2	2	2	3	3	3

第14条の解説

　第14条の規定内容は，労働基準法39条3項により使用者に義務づけられているものです。

（産前産後の休業）
第15条　6週間（多胎妊娠の場合は14週間）以内に出産する予定の女性は，その請求によって休業することができる。
2　産後8週間を経過しない女性は就業させない。ただし，産後6週間を経過した女性から請求があった場合には，医師が支障ないと認めた業務に就かせることがある。

（育児時間等）
第16条　生後1年未満の生児を育てる女性から請求があったときは，休憩時間のほか1日について2回，1回について30分の育児時間を与える。
2　生理日の就業が著しく困難な女性から休暇の請求があったときは，必要な期間休暇を与える。

第15条・第16条の解説

　使用者は，労働者からの請求があったときは，該当する女性に産前産後休業，育児時間，生理休暇を与える義務があります。

（妊娠中及び出産後の健康管理に関する措置）

第17条　妊娠中又は出産後1年以内の女性が母子健康法による健康診査等のために勤務時間内に通院する必要がある場合は，請求により次の時間内について通院を認める。

⑴　妊娠23週まで4週間に1回

⑵　妊娠24週から35週まで2週間に1回

⑶　妊娠36週以降1週間に1回

　　ただし，医師等の指示がある場合は，その指示による回数を認める。

2　妊娠中の女性に対し，会社は出社，退社時各々30分の遅出，早退を認める。ただし，この遅出，早退を出社時あるいは退社時のいずれか一方にまとめ計60分として取得する場合は，あらかじめ届け出るものとする。

3　妊娠中の女性が業務を長時間継続することが身体に負担になる場合，請求により所定の休憩時間以外に適宜休憩をとることを認める。

4　妊娠中及び出産後1年以内の女性が，医師等から，勤務状態が健康状態に支障を及ぼすとの指導を受けた場合は，「母子健康管理指導事項連絡カード」の症状等に対応し，次のことを認める。

⑴　業務負担の軽減

⑵　負担の少ない業務への転換

⑶　勤務時間の短縮

⑷　休業

（育児・介護休業等）

第18条　育児休業・介護休業，子の看護休暇，介護休暇その他育児・家族介護に従事するパートタイマーに対する措置については，育児・介護休業法に定めるところにより付与する。

第17条の解説

　事業主は，パートについても，妊娠中および出産後の健康管理に関する措置を講ずる義務があります。

第18条の解説

　パートのうち一定の者については，育児・介護休業法により，育児休業，介護休業，子の看護休暇，介護休暇等を与える義務があります。

第6章　賃金

（賃金）

第19条　パートタイマーの賃金は，次のとおりとする。

一　基本給は，時間給とし，職務内容，技能，経験，職務遂行能力等を考慮して各人別に決定し，当人に労働契約書（兼労働条件通知書）で知らせる。

二　通勤手当は，通勤実費を支給する。

　　ただし，自転車通勤者については，月額○○円を支給する。

三　精勤手当は，賃金計算期間中の皆勤者には基本給の○日分，欠勤○日以内の精勤者には基本給の○日分を支給する。

　　遅刻及び早退については，○回をもって欠勤1日とする。

四　超過勤務手当は，次の方法により計算する。

　a　時間外労働（実労働時間が1日8時間以内かつ週法定時間以内の場合）

　　　時間当たり基本給×当該超勤時間数

　b　法定残業（1日の実労働時間が8時間を超える場合，または1週40時間を超える場合）

　　　時間当たり基本給×当該超勤時間数×1.25

　c　法内休日労働（労働契約等に定める法定内の所定休日に労働した場合）

　　　時間当たり基本給×当日の勤務時間数×契約で定めた率

　d　法定休日労働（法定の休日に労働した場合に限る）

　　　時間当たり基本給×休日労働時間数×1.35

第19条の解説

　法内残業および法内休日労働については，労働基準法上，割増賃金の支払義務はありません。

（休暇等の賃金）

第20条　第14条で定める年次有給休暇については，所定労働時間労働したときに支払われる通常の賃金を支給する。

2　第15条で定める産前産後の休業期間については，有給（無給）とする。

3　第16条第1項で定める育児時間については，有給（無給）とする。

4　第16条第2項で定める生理日の休暇については，有給（無給）とする。

5　第17条第1項で定める契約労働時間内の通院の時間については，有給（無給）とする。

6　第17条第3項で定める勤務中の休憩時間については，有給（無給）とする。

7　第17条第4項で定める勤務時間の短縮により就業しない時間及び休業の期間については，有給（無給）とする。

8　第18条第1項で定める育児休業・介護休業，子の看護休暇，介護休暇等の期間については，有給（無給）とする。

第20条の解説

　第20条各項の休業，休暇等については，法律上，休業，休暇等を与える義務はありますが，有給にする義務はありません。

(欠勤等の取扱い)

第21条　パートタイマーの欠勤，遅刻，早退及び私用外出の時間については，1時間当たりの賃金額に欠勤，遅刻，早退及び私用外出の合計時間を乗じた額を差し引くものとする。

第21条の解説

　欠勤等については，あらかじめ就業規則にそのことを定めておけば，ノーワーク・ノーペイの原則（労働なければ，賃金なし）により，無給としても適法です。

(賃金の支払い)

第22条　パートタイマーの賃金は，前月○○日から当月○○日までの分について，当月○○日（支払日が休日に当たる場合はその前日）に通貨で直接その金額を本人に支払う。

2　次に掲げるものは，賃金から控除するものとする。

　一　源泉所得税

　二　住民税

　三　雇用保険及び社会保険の被保険者については，その保険料の被保険者の負担分

　四　その他従業員の過半数を代表する者との書面による労使協定により控除することとしたもの

(昇給)

第23条　パートタイマーのうち1年以上勤続し，成績の優秀なものは，その勤務成績，職務遂行能力を考慮し昇給を行う。

2　昇給は，原則として年1回とし，○月に実施する。

(賞与)

第24条　毎年○月○日及び○月○日に在籍し，支給日時点で○カ月以上勤続したパートタイマーに対しては，その勤務成績，職務内容及び勤続期間等を考慮し賞与を支給する。

2　賞与は，原則として年2回，○月○日及び○月○日（支払日が休日に当たる場合は，その前日）に支給する。

3　支給基準及び支給金額は，その期の会社の業績等によりその都度定める。

第23条・第24条の解説

　昇給および賞与の支給を行うか否かは使用者の自由です。

　昇給および賞与の支給については，これらを行う場合にのみ規定を設ければ足ります。

（退職金の支給）

第25条　勤続○年以上のパートタイマーが退職し，又は解雇されたときは，退職金を支給する。ただし，第40条第2項により懲戒解雇された場合は，退職金の全部又は一部を支給しないことがある。

（退職金額等）

第26条　退職金は，退職又は解雇時の基本給に勤続年数に応じて定めた別表（略）の支給率に乗じて計算した金額とする。

2　退職金は，支給事由の生じた日から1カ月以内に支払う。

第25条・第26条の解説

退職金を支給するか否かは使用者の自由です。

退職金を支給する場合にのみ第25条・第26条の規定を設けます。

第7章　退職・解雇及び雇止め

（退職）

第27条　パートタイマーが次の各号のいずれかに該当するときは，退職とする。

一　労働契約に期間の定めのある場合は，その期間が満了したとき

二　本人の都合により退職を申し出て会社が認めたとき，又は退職の申し出をしてから30日を経過したとき

三　本人が死亡したとき

四　本人又は家族から会社に対して何ら連絡のないまま，欠勤が7日以上続いたとき（重症の私傷病，天災地変等により会社と連絡をとることが困難な場合を除く）。

第27条第4号の解説

社員が無断欠勤を続け，会社が本人と連絡がとれず，退職の意思も確認できないため，取扱いに苦慮する場合があります。このような場合には，退職とします。

（解雇）

第28条　パートタイマーが，次の各号のいずれかに該当するときは解雇する。この場合においては，少なくとも30日前に予告をするか，又は平均賃金の30日分の解雇予告手当を支払う。

一　事業の休廃止又は縮小その他事業の運営上やむを得ないとき

二　本人の身体又は精神に障害・支障があり，会社の指定する医師の診断に基づき業務に耐えられないと会社が判断したとき

三　勤務成績が不良で就業に適しないと会社が判断したとき

　四　前各号に準ずるやむを得ない事由があるとき
（雇止め）
第29条　会社は，期間の定めのある労働契約の更新により1年を超えて引き続き使用するに至ったパートタイマーについて，期間の満了により労働契約を終了させる場合には，少なくとも30日前に，その予告をする。

第28条の解説
　30日前の解雇予告または解雇予告手当の支払いについては，労働基準法20条に規定されています。
第29条の解説
　有期労働契約の締結・更新・雇止めに関する基準（厚生労働大臣告示）により30日前の予告が義務づけられています。

第8章　福利厚生，労働・社会保険及び教育訓練

（福利厚生）
第30条　会社は，パートタイマーの福利厚生施設の利用及び行事への参加については，正社員と同様の取扱いをするように配慮する。
（労働・社会保険）
第31条　会社は，雇用保険，健康保険及び厚生年金保険の被保険者に該当するパートタイマーについては，必要な手続きをとる。
（教育訓練の実施）
第32条　会社はパートタイマーに対して必要がある場合には，教育訓練を実施する。

第30条～第32条の解説
　パートのうち①1週間の契約労働時間が20時間以上で，②31日以上雇用される見込みがある場合には，雇用保険（一般被保険者）に加入させなければなりません。
　パートの社会保険の適用基準は，通常の労働者の所定労働時間のおおむね4分の3（週30時間）以上となっています。
　パート・有期雇用労働者法で，パートと有期雇用労働者の教育訓練および福利厚生の実施について事業主に義務または努力義務が課されています。

第9章　安全衛生及び災害補償

（安全衛生の確保）
第33条　会社は，パートタイマーの作業環境の改善を図り安全衛生教育，健康診断の実施その他必要な措置を講ずる。

2　パートタイマーは，安全衛生に関する法令，会社の規則並びに会社の指示を守り，会社と協力して労働災害の防止に努めなければならない。

（健康診断）

第34条　引き続き1年以上（労働安全衛生規則第13条第1項第2号に掲げる業務に従事するパートタイマーについては6カ月以上）使用され，又は使用することが予定されているパートタイマーに対しては，採用の際及び毎年定期に健康診断を行う。

2　有害な業務に従事するパートタイマーについては，特殊健康診断を行う。

3　パートタイマーは，会社の行う前項の健康診断を受けなければならない。

（安全衛生教育）

第35条　パートタイマーに対し，採用の際及び配置換え等により業務内容を変更した際には，必要な安全衛生教育を行う。

（災害補償）

第36条　パートタイマーが業務上の事由若しくは通勤により負傷し，疾病にかかり又は死亡した場合は，労働者災害補償保険法に定める保険給付を受けるものとする。

2　パートタイマーが業務上負傷し又は疾病にかかり休業する場合の最初の3日間については，会社は平均賃金の60％の休業補償を行う。

第34条の解説

　「常時使用する労働者」については，使用者に健康診断実施義務が課せられています。また「有害業務従事者」については年2回の健康診断の実施が義務づけられています。

第35条の解説

　パートについても，雇入れ時，作業内容変更時及び一定の危険有害業務に就かせるときの安全衛生教育の実施が義務づけられています。

第10章　表彰及び制裁

（表彰）

第37条　パートタイマーが次の各号のいずれかに該当するときは表彰をする。

一　永年勤続し，勤務成績が優れているとき（永年勤続は○年，○年，○年とする）。

二　勤務成績が優れ，業務に関連して有益な改良，改善，提案等を行い，業績の向上に貢献したとき。

三　重大な事故，災害を未然に防止し，又は事故災害等の非常の際に適切な行動により災害の拡大を防ぐ等特別の功労があったとき。

四　人命救助その他社会的に功績があり，会社の名誉を高めたとき。

五　その他前各号に準ずる行為で，他の従業員の模範となり，又は会社の名誉信用を高めたとき。

（表彰の種類）

第38条　表彰は，表彰状を授与し，併せて表彰の内容により賞品若しくは賞金の授与，特別昇給又は特別休暇を付与する。

2　表彰は，個人又はグループを対象に，原則として，会社の創立記念日に行う。

第37条・第38条の解説

　表彰については任意的必要記載事項なので，実施する場合のみ規定を設けてください。

（懲戒処分の種類）

第39条　パートタイマーの懲戒処分は，その情状に応じ次の区分により行う。

一　けん責　始末書を提出させ将来を戒める。

二　減給　始末書を提出させ減給する。ただし，減給は，1回の額が平均賃金の1日分の5割（2分の1）を超え，総額が一賃金支払期間における賃金の1割（10分の1）を超えることはない。

三　出勤停止　始末書を提出させるほか，○日間を限度として出勤を停止し，その間の賃金は支給しない。

四　懲戒解雇　即時に解雇する。

（懲戒処分の事由）

第40条　パートタイマーが次の各号のいずれかに該当するときは，けん責，減給又は出勤停止とする。

一　やむを得ない理由がないのに無断欠勤が○日以上に及ぶとき。

二　しばしば欠勤，遅刻，早退をするなど勤務に熱心でないとき。

三　過失により会社に損害を与えたとき。

四　素行不良で会社内の秩序又は風紀を乱したとき。

五　その他この規則に違反し又は前各号に準ずる不都合な行為があったとき。

2　パートタイマーが次の各号のいずれかに該当するときは，懲戒解雇とする。

一　やむを得ない理由がないのに無断欠勤が○日以上に及び，出勤の督促に応じないとき。

二　やむを得ない理由がないのに遅刻，早退及び欠勤を繰り返し，数回にわたって注意を受けても改めないとき。

三　会社内における窃取，横領，傷害等刑法犯に該当する行為があったとき，又はこれらの行為が会社外で行われた場合であっても，それが著しく会社の名誉若しくは信用を傷つけたとき。

四　故意又は重大な過失により会社に損害を与えたとき。

五 素行不良で著しく会社内の秩序又は風紀を乱したとき。
六 重大な経歴を詐称したとき。
七 その他前各号に準ずる不適切な行為があったとき。

第39条・第40条の解説
1 第39条および第40条については，一般的に各企業で定めているものを
規定しました。
2 第39条第2号の減給制裁の制限については，労働基準法91条に規定が
設けられています。

附則
この規則は，令和○年○月○日から施行する。

Q5 再雇用制度③ 短時間勤務正社員制度とは

A5 勤務時間を短縮した正社員として引き続き雇用する。

　短時間勤務正社員制度というのは，1日の勤務時間は60歳定年までの一般正社員（フルタイマー）よりも短くしますが，賃金その他の処遇は，勤務時間に比例し，一般正社員と同等にするというものです。

　さまざまな制度内容のものが考えられますが，たとえば，図表4−6のような制度が想定できます。

【図表4−6】短時間勤務正社員制度

① 名称：短時間勤務正社員
② 契約期間：5年間（60〜65歳）
③ 職務：専門職，技術・技能職，営業職，役員の特命事項担当など
④ 勤務：週5日間，1日6時間　必要により，フレックスタイム制を認める
⑤ 月例給与・賞与：60歳定年退職時の賃金の8分の6とする
⑥ 退職金：60〜65歳の間の会社への貢献度に応じ，65歳退職の際に支給する
⑦ その他の処遇：一般正社員と同等に処遇する

　この制度は，勤務延長制度，定年年齢の引上げ（65歳まで）または定年制の廃止（定年を定めず，必要のある間は雇い入れる）のいずれの形でも実施することができます。

Q6　再雇用制度④　正社員進路選択制度とは

A6　60歳で定年退職するか，65歳まで継続雇用かを選択できる。

　高年齢者雇用安定法では「従業員の65歳までの継続雇用制度」の導入を企業（事業主）に義務づけています。これに対応するため，この正社員進路選択制度では，既存の60歳定年制を残しながら，従業員の選択肢の1つとして継続雇用のコースを新たに設けることで，"制度を導入した"ということになります。

　ここで示す例は，各従業員が54歳の時点で，本人の能力・希望により2つのコースのうちいずれかを選択し，55歳からそれぞれのコースを進むものです。高年齢者雇用安定法に適合する制度として，今後導入しうる選択肢の2つといえます（図表4-7，図表4-8）。

(1)　60歳定年コース

　これは，従来と同じく60歳で定年退職するコースです。60歳までの処遇はこれまでと同じですが，会社はその後の雇用確保措置はしません。

(2)　65歳継続雇用コース

　これは，55歳から65歳までの間，専門職従事者として継続雇用されるものです。従業員が54歳の時点で，今後，専門職従事者として進むことを希望し，会社も当人が65歳まで専門職従事者として勤務するにふさわしい専門性，経験等を有すると認めた場合に限って進むことができるコースです。

　このコースは，生産・技術分野だけでなく，販売，営業，総務，会計など，60歳定年制が行われているすべての分野に設けます。

　このコースを選んだ場合，55歳で定年退職します。その後，55～59歳までの5年間は再雇用されます（3年間と2年間の契約期間等でも可）。そして，60

歳からは1年契約で，原則として65歳まで契約を更新します。

【図表4-7】正社員進路選択制度のあらまし

	定年年齢	55～59歳の処遇		60～65歳の処遇	
		雇用形態	年収	雇用確保	年収
(1) 60歳定年コース	60歳	正社員	従来と同じ	保証なし	－
(2) 65歳継続雇用コース	55歳	再雇用（専門職）	55歳時の70～80%	1年契約のフルタイマー（専門職）	59歳時の60～70%

【図表4-8】正社員進路選択制度に関する労使協定（例）

○○株式会社（以下「会社」という。）と○○労働組合とは，高年齢者雇用安定法第9条第2項にもとづく継続雇用制度対象高年齢者基準として，標記制度に関する労使協定を下記のとおり締結する。

記

1　会社は，令和○年○月○日から「正社員進路選択制度」を実施する。
2　この制度は，前項の時点で正社員である者全員に適用する。
3　この制度には，次の2つのコースを設ける。
　A　60歳定年コース
　　このコースは，従来と同じく，正社員が60歳で定年退職するもの。
　B　65歳退職専門職コース
　　このコースは，正社員が，55歳から59歳までの間，専門職従事者として継続雇用されるもの。
4　当社正社員は，54歳の時点で前項のA又はBのうちいずれかのコースを選ばなければならないものとする。
5　Bコースを選択できる者は，当社で次のいずれかの業務に通算して20年以上従事し，55歳定年退職時点で主任以上の職位にあった者のうち，会社が適切と認めたものとする。
　①　○○の製造業務
　②　○○の販売業務
　③　○○の運搬，配達の業務
6　この制度の概要は，別表のとおりとする（注）。
7　この協定の有効期間は，令和○年○月○日から1年間とする。ただし有効期間満了の1カ月前までに会社又は労働組合のいずれからも申し出がないと

きは，さらに1年間有効期間を延長するものとし，それ以降についても同様の取扱いとする。

令和○年○月○日

○○株式会社
代表取締役　○○○○　㊞
○○労働組合
執行委員長　○○○○　㊞

Q7　再雇用制度⑤　再雇用フレックスタイム制度とは

A7　出退勤の時刻を社員の判断に委ねる勤務制度。

「フレックスタイム制」というのは会社があらかじめ1～3カ月間に働く総労働時間数のみを決め，毎日の出退勤の時刻は，各社員が自分の判断で日々決めて働く制度です。たとえば，図表4－9のような時間編成が考えられます。

【図表4－9】フレックスタイム制勤務時間編成例

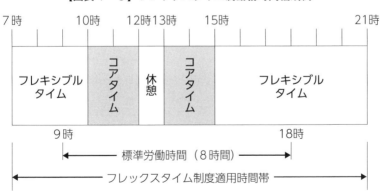

(注) 用語等については，次頁の労使協定例を参照してください。

事業場のどの部門，どの業務にフレックスタイム制を適用できるかについて，

労働基準法ではとくに制限を設けていません。

　フレックスタイム制に適する部門は，各メンバーがある程度，他の労働者から独立して仕事を行える部門や職種です。また，仕事の処理に各個人の創意工夫，独創性，自主判断がある程度求められ，労働の量よりも質，成果が期待される部門・職種に適しているといえます。

　言い換えると，次のような部門の仕事は，この制度になじみにくいものです。たとえば，生産現場の流れ作業のように，担当社員全員が揃わないと業務遂行に支障をきたす仕事，店頭販売など絶えず待機しなければならない仕事，決められたスケジュールに従って規則正しく巡視する必要がある警備や守衛といった仕事などです。

　再雇用した社員にフレックスタイム制を適用する場合にも，就業規則に「一定の従業員について，始業・終業時刻をその従業員の決定に委ねること」を定める必要があります。

　また，事業場ごとに図表4－10のような労使協定を結ばなければなりません。労使協定の労働基準監督署長への届出は不要です。

【図表4－10】再雇用社員のフレックスタイム制度（1カ月単位）に関する　　　　　　　　　　　　労使協定（例）

○○株式会社フレックスタイム制に関する労使協定

　○○株式会社（以下「会社」という。）と○○労働組合は，労働基準法第32条の3の規定にもとづき，フレックスタイム制度について，次のとおり協定する。
（制度の適用従業員）
第1条　本制度を適用する社員は，定年退職後，1年契約の嘱託社員として再雇用された者のうち，次の各号のいずれかに該当する者とする。
　①　総務部及び業務部に所属する者
　②　当社研究所に研究員として所属する者
（本制度の対象日，対象時間）
第2条　本制度を適用する日及び時間帯は，勤務を要する日の午前7時から午後9時までとする。
（1日の標準労働時間）
第3条　1日の標準労働時間は，8時間とする。

（コアタイム）
第4条　コアタイム（原則として制度対象社員全員が労働しなければならない時間帯をいう。）は，午前10時から正午まで，及び午後1時から午後3時までとする。
2　休憩時間は，正午から午後1時までとする。
（フレキシブルタイム）
第5条　フレキシブルタイム（制度対象社員各自の判断により出退勤し，労働できる時間帯をいう。）は，次のとおりとする。
　　始業時間帯＝午前7時から午前10時まで
　　終業時間帯＝午後3時から午後9時まで
（清算期間）
第6条　清算期間は，暦月単位とし，毎月1日から末日までとする。
（契約時間）
第7条　清算期間における契約時間は，1日当たり8時間に各月の所定労働日数を乗じた時間（8時間×月間所定労働日数）とする。
（過不足時間等の取扱い）
第8条　会社は，次の各号の場合には，時間外労働手当を支給する。
　①　制度対象社員がフレックスタイム制度の対象外の時間に勤務した場合
　②　制度対象社員の清算期間中の実労働時間が，前号の時間を除き，第7条に定める契約時間を超過したとき
2　制度対象社員がフレックスタイム制度の対象外の日に勤務したときは，会社は休日労働手当を支給する。
3　制度対象社員の清算期間中の実労働時間が第7条に定める契約時間に不足したときは，その不足時間が20時間を超過したときは，超過した時間分の賃金について基本給から控除を行う。
（本制度の解除）
第9条　会社は，緊急事態の発生などにより事業遂行上やむを得ないと認めるときは，あらかじめ労働組合に諮ったうえ，一定期間，本制度の適用対象である社員の全部又は一部について，本制度の解除を行うことができる。
（協定の有効期間）
第11条　本協定の有効期間は，令和○年○月○日から1年間とする。ただし，有効期間満了日の1カ月前までに，会社又は労働組合のいずれからも申出がないときは，さらに1年間有効期間を延長するものとし，それ以降についても同様の取扱いとする。

令和○年○月○日

　　　　　　　　　　　　　　　　○○○○株式会社
　　　　　　　　　　　　　　　　代表取締役　○○○○　㊞

○○○○労働組合
執行委員長　○○○○　㊞

Q8　再雇用制度⑥　再雇用社員出向制度とは

A8　自社に在籍（休職）したまま関係会社に雇用され，その社の業務に従事させる。

1　再雇用し関係会社に出向させる

　この制度は，60歳定年で退職した従業員を契約社員として再雇用し，自社（A社）の関係会社等（B社）に出向させるものです。これは，高年齢者雇用安定法で雇用確保措置として認められる制度です。

　一方，転籍は自社（A社）を退職するものですので，A社の雇用確保措置とは認められません。

　出向というのは，A社との雇用契約にもとづき，A社に在籍しながら，A社の命令によってB社とも雇用契約を結んでB社の従業員となり，B社の指揮監督に従ってB社の業務に従事するものをいいます。つまり，A社における従業員としての身分のままで，B社の労務に従事させる企業間の人事異動です。出向者に関してA社側では休職という形をとります。

　出向では，B社が業務遂行の指揮命令権を持ち，B社の就業規則によって，労働時間，休暇，休日等の勤務条件が決められます。

2　出向・転籍とは

　「出向」（在籍出向）と「転籍」（移籍出向）は，いずれも2つの企業の間の人事異動のことです（図表4-11）。

　出向は，従業員が現在所属している会社（出向元）に在籍したまま（雇用関係を継続したまま），他社（出向先）に採用され（新たに雇用契約を結び），他

社の勤務に従事するものです。転籍は，従業員は現在の会社を退職し，新たに他社（転籍先）に採用され，他社に勤務するものです。

　以下，主に出向についてのポイントを解説します。

【図表4－11】出向と転籍との違い

項目	出向（在籍出向）	転籍（移籍出向）
雇用主	A社，B社の双方	C社からD社に変わる
対象従業員の個別同意(書)の必要性	個別同意（書）がなくてもできる。就業規則等で出向先を限定し，身分，待遇等も保証する規定があれば，同意が得られたものとして取り扱うことができる。また，その出向が労働慣行化されている場合も同じ。	個別同意（書）がなければできない。従業員は拒否することもできる。A社を退職し，新たにB社の従業員となるので，賃金から社会・労働保険まで，全面的にB社が面倒をみる。

3　労働者に出向を命令できる根拠は

　判例では，使用者（会社）が労働者に他社への出向を命ずるためには，何かしらの本人の同意（明示，黙示，包括）が必要とされています。

　出向は，出向期間中，労働者は自ら希望して採用された会社（出向元）に在籍していますが，別の会社（出向先）の従業員となり，別会社の指揮命令のもとで，労務を提供するものです。転勤などの企業内人事異動のように，同一会社内で勤務場所，業務内容だけが変わるものとは異なります。

　出向は，当初，労働契約を結んで雇用された雇用主ではない他社の従業員となり，他社の指揮命令下で働くものですから，当初の労働契約の枠を超えています。

　民法625条1項では，「使用者は，労務者の承諾がなければ，その権利を第三者に譲渡することができない」旨を定めています。これは，使用者という地位を他の経営者に譲り渡すということは労働者にとって最大の労働条件の変更となるので，労働者本人の同意が必要であるということです。

　以上のことから，判例で，自社の従業員を出向させる場合には，原則として

何らかの形で本人の承諾（明示，黙示，包括）が必要であると考えられます。

【図表4−12】出向が有効と認められる条件（①〜④のいずれか）

① 就業規則または労働協約に出向先会社，出向期間，出向中の労働条件等について規定されていること。
② 採用の際，将来出向もある旨の合意（包括的同意）が成立していること。
③ その企業に明らかに確立された出向の労働慣行があること。
④ 出向命令についての労働者本人への明示または黙示の同意があること。

4　出向元と出向先の労働法上の責任分担

　出向労働者について，賃金や退職金は，出向元と出向先との話し合い，出向契約の規定内容によって決まります。その他については，おおむね身分に関する部分は出向元，就労に関する部分は出向先が責任を有します。

　また，出向労働者の取扱いについては，図表4−13〜図表4−16のとおりとなっています。

5　賃金の支払窓口・負担者

　これについては，出向元と出向先とが話し合って決めるべきことです。実際の支払方法としては，次の3つの方法があります。
① 出向元が支払う
② 出向先が支払う
③ 出向元と出向先のそれぞれが一部を支払う

　実際に行われている支払方法をみると①が圧倒的に多く，ついで②，③の順となっているようです。

【図表 4 − 13】 出向労働者の取扱い

項　目	説　明
① 基本的労働契約関係	出向元会社の就業規則のうち，労務提供を前提としない基本的労働契約の部分（退職，定年，解雇等）については，引き続き出向後も出向労働者に適用される。
② 指揮命令	出向労働者は，出向先会社の事業場で，出向先の指揮命令のもとで就労するので，出向先の使用者の勤務管理，服務規律に服することとなる。
③ 賃金・退職金の支払い・負担	出向労働者の賃金をどちらが支払い，負担するかは，出向元会社と出向先会社との間の話し合い，出向契約の規定内容によって決まる。次のような形態が代表的である。 (1) 出向先が支払い，負担する（ただし，出向前との差額があれば，出向元が補てんする） (2) 出向元が支払い続ける（出向先が分担額を出向元に支払う）。
④ 労働基準法上の使用者責任	出向元・出向先両社のうち，その事項について実質的権限を有するものが，その範囲で使用者としての義務と責任を負う。 　出向先が労働時間の管理を行っている場合には，時間外・休日労働協定の締結・届出・順守の義務は出向先が負う。 　旧労働省通達（昭35.11.18基収4901号）では，通常の場合，労働基準法上の使用者としての義務と責任の主体は，図表4−14のようになるとしている。
⑤ 労働安全衛生法，労災保険法，雇用保険法の取扱い	現実に労務の提供を受けている出向先が，労働安全衛生法の事業者，労災保険法の事業主として負担する。雇用保険法上の事業主は主たる賃金の負担者である。

【図表 4 − 14】 出向者に対する労働基準法上の使用者の義務と責任

事　項	責任主体
① 賃金の負担，支払い（労基法24条）	出向元
② 労働時間，休憩，休日，休暇（労基法32条，34条，35条）	出向先
③ 安全衛生（労基法5章），労働災害補償（労基法8章）の取扱い	出向先
④ 就業規則の適用（労基法9章）	出向元または出向先のそれぞれの権限を有する限度

⑤　労働者名簿，賃金台帳への記入・保存（労基法107条，108条）	出向元および出向先のそれぞれ

【図表4－15】就業規則の規定の優先適用

事　　項	優先適用
1　身分の得喪関係 　　退職，定年，解雇，休職，懲戒解雇，諭旨解雇，弔慰金，退職金	出向元の就業規則
2　労働条件関係 　　労働時間，休憩，休日，休暇，安全衛生，健康診断，災害補償	出向先の就業規則
3　出向元・出向先の双方に関係する事項 　　賃金，賞与，懲戒処分（懲戒解雇，諭旨解雇を除く），福利厚生など	出向元・出向先の双方の就業規則

【図表4－16】再雇用出向社員就業規程（別規則）（例）

（目的）
第1条　この規程は，当社を定年退職した正社員について，契約社員（期間雇用者）として再雇用し，他社に在籍出向（以下「出向」という。）させる場合の取扱い及び条件を定めたものである。
（出向の定義）
第2条　この規程において出向とは，会社の命令により，当社に在籍のまま，当社と取引又は資本面で関係のある会社等（以下「出向先会社」という。）に勤務することをいう。
（基本的態度）
第3条　出向を命じられた社員（以下「出向社員」という。）は，出向先会社の事業目的の達成のため業務に精励しなければならない。
（身分）
第4条　出向社員は，出向期間中は当社の人事部所属とし，休職とする。
（出向期間）
第5条　出向期間は，原則として最長5年間とする。ただし，必要に応じ，出向期間を短縮することがある。
（給与）
第6条　出向社員の給与は，出向先会社の規定により支給する。

　　ただし，出向先会社の月例給与が，当人の当社の出向直前の月例給与より
　も低いときは，その差額を当社が負担し，出向先会社から支払う。
(労働条件)
第7条　出向期間中の労働時間，休憩時間，休日，休暇その他の労働条件につ
　いては，出向先会社の定めるところによる。
(年次有給休暇)
第8条　出向期間中の年次有給休暇については，出向先会社の定めるところに
　よる。
(社会・労働保険の取扱い)
第9条　出向社員の雇用保険，健康保険，厚生年金保険及び厚生年金基金に関
　しては，当社社員と同様に取り扱うこととする。
2　労災保険法に関する事業主は，出向先会社とする。
3　労働災害及び通勤災害の補償等に関しては，出向先会社の定めるところに
　よる。
(福利厚生制度)
第10条　出向社員は，当社の社員と同様に，当社の生活資金貸付制度その他の
　福利厚生制度を，出向期間中も利用することができる。
(退職・解雇)
第11条　出向社員が出向先会社において退職し，又は解雇となる場合は，当社
　に復職を命ずるものとする。
2　出向社員が当社に復職した後の取扱いは，当社の定めるところによる。
(出向先の退職金)
第12条　当社への復職に際して出向先会社から退職金を支給されたときは，全
　額当社へ納入するものとする。
(施行期日)
附則　この規程は，令和○年○月○日から施行する。

Q9　再雇用派遣社員制度とは

A9　子会社の派遣会社で再雇用し，親会社で派遣労働者として働く。

1　再雇用派遣社員制度のメリット

　再雇用派遣社員制度とは，親会社（A社）を60歳で定年退職した従業員を，

子会社（B社：人材派遣会社）で派遣労働者として雇い入れ，B社からA社等のグループ会社，または他社に労働者派遣するものです。B社において，再雇用派遣社員を65歳まで継続雇用します。

　B社が再雇用する形態は，正社員，常用労働者，契約社員（期間雇用者），パートタイマーなどいずれの形であっても「常時雇用」されている状態であれば，改正高年齢者雇用安定法で適法な雇用制度と認められます。

　労働者派遣事業を行う子会社の設立は，各都道府県労働局への許可申請によって行います。

　高年齢者を親会社が直接雇用するよりも，設立した子会社（人材派遣会社）に再雇用させて，そこから親会社に必要期間のみ派遣してもらい，派遣社員として受け入れて使用するほうが，親会社の人件費を節約できます。また，親会社が人事労務管理に費やす労力も省くことができます。

2　特定企業のみへの派遣事業が認められる場合

　特定の者（企業等）にのみ労働者を派遣することを目的とする一般労働者派遣事業は，原則として認められていません。事業の許可基準を満たさないからです。ただし，「雇用機会の確保がとくに困難であると認められる労働者の雇用の継続等を図るために必要であると認められる場合」には，特例として認められます（派遣法7条1項1号）。

　この特例に該当するのは，「派遣元事業主が雇用する派遣労働者のうち10分の3以上の者が，他の会社を60歳以上の定年により退職した後に雇い入れられた者である場合」のみです。

　そのしくみは図表4－17のとおりです。まず，親会社（A）が子会社として人材派遣会社（B）を設立します。人材派遣会社（B）は，A社の60歳定年退職者を，他社に労働者を派遣するための労働者（C）として雇い入れます。そして，B社は，派遣労働者（C）を親会社（A）に派遣します。

【図表4－17】特定企業への派遣事業が認められる場合

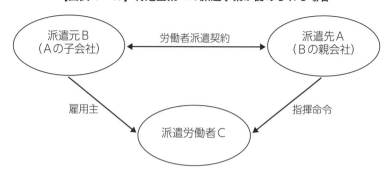

3　関係派遣先の範囲

　特定企業への派遣事業が認められる場合の「関係派遣先の範囲」は，連結決算導入の有無によって，次の2つの方法で判断されます。
　①　派遣元事業主が連結子会社である場合
　　　➡その派遣元事業主の親会社および親会社の連結子会社
　　　連結決算を導入している場合は，各会社の親子関係は連結決算の範囲によって判断されます。
　②　派遣元事業主が連結子会社でない場合
　　　➡その派遣元事業主の親会社
　　　連結決算を導入していない場合は，各会社の親子関係は親会社の有している議決権や資本金，事業の支配力などから判断されます。

4　グループ企業内派遣の8割規制

　派遣元事業主が，関係派遣先へ労働者派遣をするときは，次の割合が80％以下になるようにしなければなりません。

120

$$\frac{派遣労働者の関係派遣先での派遣就業の総労働時間}{\substack{-定年退職者の関係派遣先での派遣就業の総労働時間}}{雇用する派遣労働者のすべての派遣就業の総労働時間}$$

また，派遣元事業主は，上記の算式で計算した関係派遣先への労働者派遣の割合について，毎年度，厚生労働大臣に報告しなければなりません。

違反した派遣元事業主に対しては，指導や勧告等，必要な措置がとられることになります。

Q10　労働者派遣事業のしくみは

A10　特定労働者派遣事業と一般労働者派遣事業がある。

1　労働者派遣法の対象となる派遣事業

労働者派遣事業とは，①派遣元会社が，直接雇用する派遣労働者，②他人または他の事業主に派遣し，派遣先の指揮命令を受けて業務に就業させることを，③事業活動として行うことをいいます（図表4-18）。

【図表4-18】労働者派遣のしくみ

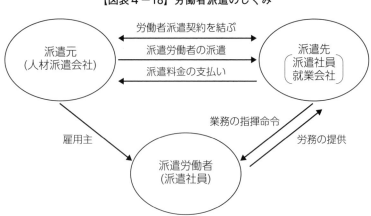

　派遣労働者の雇用主は派遣元事業主であり，派遣元が派遣労働者に賃金を支払い，社会・労働保険の加入手続きをします。一方，派遣労働者が具体的な業務の指揮命令を受けて働くのは，派遣先会社です。

　一般の労働者の場合は，雇用主である会社と指揮命令を受けて働く会社は同じですが，派遣労働者の場合は，それらが別々の会社（派遣元と派遣先）に分かれているわけです。

2　労働者派遣事業の種類

　図表4−19に示すように，労働者派遣事業は「特定労働者派遣事業（常時雇用型）」と「一般労働者派遣事業（登録型）」に分けられます。2つの違いは，①派遣労働者が全員自社の常時雇用労働者であるか，②「スタッフ」と呼ばれる登録型派遣労働者あるいは臨時労働者であるか，という点です。

　事業を開始できる要件としては，特定労働者派遣事業は厚生労働大臣への届出だけで済むのに対して，一般労働者派遣事業は同大臣の許可が必要です。

【図表4−19】労働者派遣事業の種類

種類	派遣労働者の雇用形態	営業の要件
①特定労働者派遣事業	**常時雇用型** 　派遣労働者がすべて自社の常時雇用労働者である労働者派遣事業	厚生労働大臣への届出受理
②一般労働者派遣事業	**登録型** 　上記以外のもの。すなわち派遣労働者が，登録型派遣労働者（スタッフ：派遣元に登録されていて，派遣期間のみ派遣元に雇用される者）や臨時労働者である労働者派遣事業。これらの者と常時雇用労働者の両者である場合も含む。	厚生労働大臣の許可（有効期間3年，更新後は5年）

Q11 労働者派遣事業の開始要件は

A11 特定派遣事業は届出制，一般派遣事業は許可制。

1 特定労働者派遣事業は届出のみでよい

　ビルメンテナンス，情報処理関係の業務等は，比較的に恒常的な業務であるため，派遣労働者は派遣元会社と常時雇用契約を締結しているのが通例です。これに対して，事務処理関係の場合は，臨時的・短期的な需要に対応するため，業務量の変動が激しく，派遣労働者は派遣元会社に登録し，派遣にあたって雇用契約を締結する形態が一般的です。

　そこで労働者派遣法では，前者の情報処理関係の業務等のように「その事業の派遣労働者が常時雇用者のみであるもの」を「特定労働者派遣事業」としています。

　この事業については労働者の雇用の安定が図られていることから，事業開始にあたっては厚生労働大臣への「届出」で足りるとしています。ただし，次のような事業開始の欠格事由が設けられています。

【特定労働者派遣事業の開始の欠格事由】
① 刑法，労働関係法等の一定の刑罰に処せられ5年を経過しない者
② 健康保険法，労災保険法，厚生年金保険法，雇用保険法等の刑に処せられ5年を経過しない者
③ 法人であって，その役員のうちに①と②のいずれかに該当する者があるものなど

2 一般労働者派遣事業は許可制

　事務処理関係のように，特定派遣事業以外のものは「一般労働者派遣事業」とし，厚生労働大臣の「許可制」となっています。一般労働者派遣事業を行う場合には，事業所ごとに許可申請が必要です。厚生労働大臣は，許可の欠格事

由（特定派遣事業と同内容）に該当しないことを確認し，次のような許可基準に合致するか否かを審査します。さらに労働政策審議会の意見を聴き，許可するか否かを決定します。

　許可の有効期限は3年（更新後は5年）であり，申請により更新されます。

【一般労働者派遣事業の許可基準】

①　その事業がもっぱら労働者派遣の役務を特定の者に提供することを目的として行われるものでないこと。ただし，雇用の機会の確保がとくに困難であると認められる労働者の雇用の継続等を図るために必要であると認められる場合として厚生労働省令の定めで行われるものを除く

　　（注）厚生労働省令の定めとは，その事業を行う派遣元事業主が雇用する派遣労働者のうち，10分の3以上が60歳以上の者（他の事業主の事業所を60歳以上の定年により退職した後雇い入れた者に限る）であることです。

②　申請者が，その事業の派遣労働者にかかる雇用管理を適正に行う能力を有する者であること

③　個人情報（個人に関する情報であって，特定の個人を識別することができるもの［他の情報と照合することにより特定の個人を識別することができるものを含む］）を適正に管理し，派遣労働者等の秘密を守るために必要な措置が講じられていること

④　上記②③のほか，申請者が，その事業を的確に遂行する能力を有する者であること

　なお，労働者派遣事業の届出・許可申請の受付窓口は，各都道府県の労働局になります。

124

> ### Q12　勤務延長制度とは
>
> A12　定年以降も退職せずに，引き続き雇用を継続する制度。

1　勤務延長制度とは

　勤務延長制度とは，定年制のある企業で，定年年齢に到達した社員を退職させることなく，その後も引き続き雇用する制度です。雇用契約は，定年前から勤務延長終了時点まで継続されます。

　退職金は，当初の定年到達時点（たとえば60歳）で支払われる場合と，最終的に退職する時点（勤務延長終了時点）で支払われる場合とがあります。

　実施企業の状況を見ると，特別な技術，技能，キャリアなどの持ち主，企業の発展に貢献した人などが対象になっている場合が多いようです。

2　中小企業での実施が多い

　従来の勤務延長制度の実施状況を見ると，大企業ではほとんど実施されておらず，中小企業ほど普及しています。

　その理由としては，次のような点が挙げられます。

① 中小企業のほうが定年制がそれほど厳格に運用されていないこと
② 中小企業のほうが社員が定年退職した後，新たに別の適任者を確保することが難しいこと
③ 中小企業のほうが賃金がそれほど年功賃金になっていないこと

3　勤務延長制度の作り方

　勤務延長制度を作る場合，定年年齢に到達したあとも雇用契約が継続される（つまり，契約を結び直さない）点を除けば，再雇用制度（嘱託，パートタイマー等）と同じような労働条件，処遇とすることもできます。

　また，定年年齢を引き上げた場合と同じように，60歳までと60歳を超えた後

の労働条件，処遇を，引き続き正社員として同じにすることも十分可能です。

　各企業の実施例を見ても，制度の内容は実にさまざまです。自社にマッチした制度を作ってください。

Q13　定年年齢の引上げとは

A13　人件費をどう抑えるかが課題になる。

1　定年年齢引上げでは人事制度の見直しが必要

　定年退職制度というのは，従業員が一定の年齢に達した時に，一律に退職させる制度のことです。

　定年退職制度を設けている企業が，その定年年齢を引き上げる場合には，人事管理制度全般を見直す必要があります。とくに大きな課題は，給与体系の見直し，退職金制度の見直し，労働条件・処遇・ポストなどの人事管理の見直しなどです。

　たとえば，定年年齢引上げ後の労働条件を引き下げる場合には，定年年齢の引上げと同時に，労働条件を引き下げるための就業規則の変更を行わなければなりません。

　もし，定年年齢の引上げを先に行い，後日，労働条件の引下げを行うと，就業規則の不利益変更の問題が生じてしまいます。

2　賃金制度の見直し

　定年年齢を引き上げる場合，これに伴う人件費の増大をどう防ぐかが最大の問題となります。このためには，たとえば次の方法が考えられます。

　①　定年年齢の引上げと引換えに，60歳以降の賃金をダウンさせる（担当する仕事の質量に見合った賃金額とする）

　②　50歳から基本給の昇給幅の抑制，管理職給与の見直しなどを行い，賃金上昇カーブを下の方向に抑えるといった措置を取る

3　退職金制度の見直し

　退職金制度を見直し，支給額を抑制する方法としては，次のようなものが考えられます。

①　第2基本給の設定（退職金算定は第2基本給を基礎とする）

②　退職金の支給率を一定の勤続年数で頭打ちにする

③　60歳以降の勤続年数を退職金の算定対象年数から除外する

Q14　定年制の廃止とは

A14　企業の事情によっては，定年制を採用する必要はない。

　現在，企業のほとんどが定年制を設けています。定年制がないのは，中小零細企業のごく一部です。企業のほとんどが定年制を設けているのは，主に次の理由によります。

①　年功序列型賃金体系にしていると，従業員の加齢とともに賃金が上がり続ける。

②　年齢が上の人がいつまでも管理職のポストに座り続けていると，後輩が管理職になれない。

③　加齢に伴い就労能力が低下しているのに退職しない人がいると，会社の従業員全体のバランスが崩れたり，業務に支障が出る。

　したがって，賃金を業績給，能率給にし，本人の就労能力に応じて支払っているなどの給与体系をとっていて，このような問題のない企業であるならば定年退職制を設ける必要はないわけです。

　少子高齢化により人手不足時代が到来している今日では，一定年齢になったからといって，働く能力が十分にあり，本人も働きたいと思っている人を無理やりやめさせることはありません。定年制のない企業こそ，究極の「人間尊重企業」といえるからです。

　ただし，実際に定年制を廃止する場合は，従業員の年齢の代わりになる，退

職・解雇の場合の客観性・合理性のある基準（就業規則）の設定と，その適正な運用が不可欠になります。

第5章

高年齢者の労務管理のポイント
──企業はどのように60歳以降の高年齢者の就業確保，能力発揮に取り組んだらよいか

Q1　企業の高年齢者就業についての基本的な考え方は

A1　次の①～⑥の対応を。

　現在，多くの企業では，60歳を超える高年齢労働者の雇用確保，能力発揮に本格的に取り組んではいない状況にあります。その主な理由は，高年齢労働者の雇入れに伴う企業の人件費負担（賃金，退職金，社会・労働保険料，その他）のほうが，高年齢労働者がその労働を通じて企業にもたらす貢献や利潤よりも大きいと考えられるからです（図表5－1）。

【図表5－1】高年齢者雇用に伴う費用対効果

したがって，各企業が改正高年齢者雇用安定法にもとづき「60歳から70歳ま

での就業確保措置」を無理なく実施するためには，何よりもまず高年齢者の就業確保に伴う人件費負担を減らすことが不可欠となります。

具体策は，たとえば次のとおりです。

① 60～70歳の賃金・報酬は，労働者1人ひとりについて，個人の企業貢献度に応じた金額にする。

② 自社に退職金制度があっても，60～70歳の間の勤務年数は退職金算定の基礎になる勤務時間からは除く。

③ 高年齢者の就業に関する国の給付金を有効に活用する。

一方で，各企業は高年齢労働者の貢献度を少しでも高めるために，次のような就業条件，環境の整備を行うことも必要になります。

④ その労働者に適した職務を探す，または開発して配置する

⑤ その労働者に見合った教育訓練方法を開発し，実施する

⑥ その労働者に見合った就業雇用形態，作業形態，労働時間などの条件や就業環境を整備する　など

改正高年法（令和3年4月1日施行）では，新たに65～70歳の高年齢者について，希望者全員の就業を確保するように努力することが義務づけられました。

今後，各企業は，上記のような改善策をよりいっそう徹底して行うことが必要になります。

Q2　企業の高年齢者の職業能力についての考え方は

A2　個人差の大きい能力，長所などを考慮した配置，活用を。

1　暦年齢と生理年齢の違いとは

高年齢者といっても人によりさまざまです。同じ暦年齢（たとえば65歳）でも生理年齢，すなわち精神的，身体的能力にもとづく年齢は1人ひとり異なっています。

　そして，身体能力よりも精神・知的機能面において大きな差が見られます。精神・知的能力については，65〜70歳でいわゆる「ボケ」が出る人がいる反面，90歳になってもまったく知的には衰えていない人がいるように，個人差が大きくあります。このような個人差は，遺伝，体質，環境，生活習慣，意欲，その他のさまざまな要因によるものと考えられます。

2　長所を活かした職務配置と活用を

　高年齢者の特徴，長所として一般的に次の点が挙げられます。
① 　地道にコツコツ作業をする
② 　熟練的な器用さがある
③ 　長年の経験による技術，技能があり，蓄積された知識がある
④ 　突発的事態を処理できる
⑤ 　仕事の段取り，計画の作成がうまい
⑥ 　仕事上の問題点の把握が的確
⑦ 　若年者の指導・育成ができる
⑧ 　責任感がある
⑨ 　欠勤，遅刻が少ない
⑩ 　人間関係がよい
　高年齢者のこれらの長所を活かした職務配置や業務委託を心がけると，会社としての高年齢者の就業に伴うメリットも大きくなってきます。

3　教育訓練を行う際の留意点は

　老若男女を問わず，"働きがい"がなければ，誰しも熱心に働きません。高年齢者に教育訓練を受講させる場合も，それが自分の今後にどう役立つかが具体的にわからなければ，新しい知識，技能の習得に本気で取り組めないのは当然です。
　"高年齢者は経験者だから当然わかっているだろう"と推測で受講内容を省略することなく，相手が納得するまできちんと説明し，習得させる内容に合わ

せて受講時間などにも十分に配慮することが必要です。

Q3　高年齢者を含む要員計画の作成手順は

A3　必要な要員数，そのための費用などを考慮して決める。

　会社として高年齢者（60〜70歳）を何人，どの分野で就業確保（再雇用，定年年齢の引上げ，業務委託等）を行うかを決めるためには，会社全体としての要員計画を改めて考え直さなければなりません。

　以下に，その要員計画の作り方を説明しましょう。次の項目について具体的に検討するわけです。

① 　会社全体として，どの分野に，どのような社員を，何人配置し，業務委託するか

② 　どのような高年齢者（60〜70歳）を，どの分野に，何人配置し，業務委託するか

そのうえで，図表5−2に示す手順で要員計画を作成してください。

【図表5−2】要員計画の作成手順

① 　部門別，職階別，職種別に必要人数（および，のべ労働時間数。以下同じ）を出す
⬇
② 　上記①のうち業務の合理化，機械化等で対応できる人数を削る
⬇
③ 　年間の労働費用，募集費用の上限額を決める
⬇
④ 　上記②，③にもとづき，マンパワーの種類別の雇用継続，新規採用，再雇用，業務委託等の計画数を決める

（手順1）部門別，職階別，職種別に必要人数を出す

　会社として，それぞれの部門で，どの職階（ポスト），職種（仕事の内容）の社員等が何人必要かを，図表5−3に書き出してみてください。

【図表5－3】必要人数の職階別の把握

部門	管理監督者		C 専門職社員	D 指導職社員	E　一般社員							F 業務委託者
	A 部課長等	B 係長,職長等			事務員	工員	技術者	現場作業員	販売員	セールスマン	その他	
合計												

職階別とは，必要人員を次の6者に分類することです。

A　管理者（部課長クラス）：経営者（トップ）の方針を具体化し，部下に指示し，事業を推進するクラスの者。監督者を通して一般社員，専門職・指導職社員をまとめていく者

B　監督者（係長，職長クラス）：部課長の指揮の下に，直接，一般社員，専門職社員，指導職社員に指揮命令し，統轄する者

C　専門職社員：一定の専門的業務に従事する者

D　指導職社員：一般社員と同じ業務に従事しながら，それらの者の指導，業務上のトラブル処理などを行う者

E　一般社員：直接，事務処理，物の製造，加工，販売，サービスなどの業務に従事する者

F　業務委託者

ここで，C（専門職社員）とD（指導職社員）は，主に高年齢者を配置するために設けてあります。会社としてこの区分が必要ない場合は，高年齢者をこれら以外のポストに配置してください。

経営者層（社長，役員）		
A 管理者（部長，課長など）		
B 監督者（係長，職長など）		
C 専門職社員	D 指導職社員	E 一般社員

（手順2）業務の合理化，機械化等で対応できる人数を削る

　手順1で出された人数の中で，たとえば業務の合理化，機械化で対応できるもの，同じ職階の他の人や部下に分割して分担させることができるものなど，他の方法で対応できるものは要員数から差し引いてください。

（手順3）年間の労働費用，募集費用の上限を決める

　手順2で算出された要員に対して，年間に支出してもよい費用（労働費用，募集費用）の限度額を決めてください。

　①　直接費用（月給，ボーナスなど，本人に支払うもの）
　②　間接費用（社会・労働保険料の使用者負担分，福利厚生費など）
　③　募集・採用に要する費用
　④　これらの合計額

　手順1～手順3の点検作業により，各部門別，職階別，職種別に人員が何人必要か，そのために年間いくらまで支出してよいか，賃金はいくらまで支払えるかがはっきりします。

（手順4）マンパワーの種類別に雇用継続，新規採用，再雇用，業務委託等の計画数を決める

　会社としては，図表5－4の項目に示すどの種類のマンパワー，就業形態がよいかを次の観点から検討します。

　①　より少ない費用で済むのはどれか
　②　人手確保（雇用継続，新規採用・業務委託等）が容易なのはどれか

③　雇用調整等が容易なのはどれか

この際に，高年齢者（60～70歳）の就業確保を最優先にします。そして，図表5－4のように，マンパワーの種類別の雇用継続・新規採用・業務委託等計画表を作ります。

【図表5－4】マンパワーの種類別雇用継続・新規採用・業務委託等計画表

マンパワーの種類	雇用継続・新規採用・業務委託等の予定数	職階別内訳	職種別内訳
高年齢者の継続雇用			
新規学卒者			
中途採用者			
パートタイマー，アルバイター			
派遣労働者			
業務委託者			
計			

Q4　定年退職者の再雇用手続きは

A4　再雇用者の場合でも，新入社員と同様に，法律に定められた手続きが求められる。

定年退職者を再雇用する場合にも，まったく新たに従業員を雇い入れる場合と同様に，法律（労基法等）に定められた手続きをとらなければなりません。会社（使用者）は労働条件通知書を交付し，労働条件について説明しなければなりません。

そのうえで，労使間のトラブルを防ぐためには，労働契約書（書面に労使が書名，押印）を取り交わしておくことが必要です。

以下では，契約社員またはパート社員（短時間労働者）（以下，「契約・パート社員」という）として再雇用する場合について説明します。登録型派遣労働者，正社員等の場合も，契約・パート社員と同様にしておけば法律上問題はあ

りません。

1　契約・パート社員採用時の労働条件の明示義務とは

　労使間のトラブルを防ぐため，労働基準法とパート・有期雇用労働者法で，使用者（事業主）に対し労働条件通知書の交付を義務づけています。

　契約・パート社員を採用するときには，使用者は，次の事項について労働条件を文書明示を行うこと（相手が理解できるように文書で示すこと）が義務づけられていて，違反に対しては罰則が設けられています。
  ①　労働契約の期間
  ②　働く場所，従事する仕事
  ③　始業・終業の時刻（所定時間外労働がある場合は，そのこと），休憩時間，休日，休暇，交替制勤務の場合の交替方法等
  ④　賃金（退職金，賞与等の臨時賃金を除く）の決定・計算・支払いの方法，締切り，支払いの時期，昇給
  ⑤　退職に関すること（解雇，任意退職，定年退職制，契約期間の満了による退職等労働者が身分を失うすべての場合に関すること）
  ⑥　昇給・賞与・退職金の有無
　使用者は，採用する契約・パート社員に，必ず労働条件通知書（雇入通知書）を手渡して，説明してください。

2　契約・パート社員の採用時に交付する労働契約書（兼労働条件通知書）の作り方は

　厚生労働省では，労働条件通知書を交付することにより，法令に定める労働条件の文書明示を行ったことになるとして，各企業に対してその使用を勧めています。

　契約・パート社員の採用時に交付する労働条件通知書の例は図表5-5のとおりです。また，労働契約書と労働条件通知書を兼ねた例は図表5-6のとおりで，この書面1枚で足ります。

【図表５－５】労働条件通知書（雇入通知書）

	令和　　年　　月　　日

<table>
<tr><td colspan="2">＿＿＿＿＿＿＿＿＿＿＿＿殿</td></tr>
<tr><td colspan="2" align="center">事業場名称・所在地</td></tr>
<tr><td colspan="2" align="center">使 用 者 職 氏 名</td></tr>
<tr><td>契約期間</td><td>期間の定めなし，期間の定めあり（　年　月　日～　年　月　日）</td></tr>
<tr><td>就業の場所</td><td></td></tr>
<tr><td>従事すべき
業務の内容</td><td></td></tr>
<tr><td>始業，終業
の時刻，休
憩時間，就
業時転換((1)
～(5)のうち
該当するも
の一つに○
を付けるこ
と。)，所定
時間外労働
の有無に関
する事項</td><td>1　始業・終業の時刻等
（1）始業（　　時　　分）終業（　　時　　分）
【以下のような制度が労働者に適用される場合】
（2）変形労働時間制等；（　　）単位の変形労働時間制・交替制として，次
　　の勤務時間の組み合わせによる。
　　始業（　時　分）終業（　時　分）(適用日　　　　　)
　　始業（　時　分）終業（　時　分）(適用日　　　　　)
　　始業（　時　分）終業（　時　分）(適用日　　　　　)
（3）フレックスタイム制；始業及び終業の時刻は労働者の決定に委ねる。
　　（ただし，フレキシブルタイム（始業）　時　分から　時　分，
　　　　　　　　　　　　　　　（終業）　時　分から　時　分，
　　　　　　　　　　　　　コアタイム　時　分から　時　分）
（4）事業場外みなし労働時間制；始業（　時　分）終業（　時　分）
（5）裁量労働制；始業（　時　分）終業（　時　分）を基本とし，労働者
　　の決定に委ねる。
　　○詳細は，就業規則第　条～第　条，第　条～第　条，第　条～第　条
2　休憩時間（　　）分
3　所定時間外労働の有無
　（　有　(1週　時間，1カ月　時間，1年　時間)，無　）
4　休日労働（　有　(1カ月　日，1年　日)，　無　）</td></tr>
<tr><td>休日及び勤
務日</td><td>・定例日；毎週　　曜日，国民の祝日，その他（　　　　　　　　　）
・非定例日；週・月当たり　　　　日，その他（　　　　　　　　　）
・1年単位の変形労働時間制の場合―年間　　日
(勤務日)
　毎週（　　　　　　　），その他（　　　　　　）
○詳細は，就業規則第　条～第　条，第　条～第　条</td></tr>
<tr><td>休暇</td><td>1　年次有給休暇　　　　日
2　その他の休暇　有給（　　　　　　　　　　　）
　　　　　　　　　無給（　　　　　　　　　　　）</td></tr>
</table>

	○詳細は，就業規則第　条～第　条，第　条～第　条
賃金	1　基本賃金 　イ　月給（　　　　　円）ロ　日給（　　　　　円） 　ハ　時間給（　　　　円） 　ニ　出来高給（基本単価　　　円，保障給　　　円） 　ホ　その他（　　　　　円） 　ヘ　就業規則に規定されている賃金等級等 2　諸手当の額又は計算方法 　イ（　　手当　　　円　／計算方法：　　　　　　　　） 　ロ（　　手当　　　円　／計算方法：　　　　　　　　） 　ハ（　　手当　　　円　／計算方法：　　　　　　　　） 　ニ（　　手当　　　円　／計算方法：　　　　　　　　） 3　所定時間外，休日又は深夜労働に対して支払われる割増賃金率 　イ　所定時間外，法定超（　　）％，所定超（　　）％ 　ロ　休日　法定休日（　　）％，法定外休日（　　）％ 　ハ　深夜（　　）％ 4　賃金締切日（　　）―毎月　　日，（　　）―毎月　　日 5　賃金支払日（　　）―毎月　　日，（　　）―毎月　　日 6　賃金の支払方法（　　　　　　　　　） 　　7　労使協定に基づく賃金支払時の控除（無　，有（　　）） 　　8　昇給（　有（時期，金額等　　　　　　），　無　） 　　9　賞与（　有（時期，金額等　　　　　　），　無　） 　　10　退職金（　有（時期，金額等　　　　　　），　無　）
退職に関する事項	1　定年制（　有（　　歳），　無　） 2　自己都合退職の手続（退職する　　日以上前に届け出ること） 3　解雇の事由及び手続〔　　　　　　　　　　　　　　　　〕 ○詳細は，就業規則第　条～第　条，第　条～第　条
その他	・社会保険の加入状況（　厚生年金　健康保険　厚生年金基金　その他（　　）） ・雇用保険の適用（　有　，　無　） ・雇用管理の改善等に関する事項に係る相談窓口 　部署名　　　　　　担当者職氏名　　　　　（連絡先　　　　　） ・その他〔　　　　　　　　　　　　〕 ・具体的に適用される就業規則名（　　　　　　　　）

（注）この通知書は，厚生労働省が各事業場で使用するために作成したものです（一部著者により変更）。

　　この通知書の交付は，労働基準法15条にもとづく労働条件の明示およびパート・有期雇用労働者法6条にもとづく文書（雇入通知書）の交付を兼ねるものです。

　　この通知書を交付するときは，再雇用する契約・パート社員に不要な労働条件の項目は，削除して交付してください。

【図表５－６】労働契約書の例（１年間の期間雇用，月給制の場合）

労働契約書（兼労働条件通知書）

令和○年○月○日

　○○㈱○○支店長○○○○（以下「甲」という）と○○○○（以下「乙」という）は，下記により労働契約を締結する。この契約書の記載事項は，就業規則に優先する。この契約書に記載のない事項については，期間雇用社員就業規則に定めるところによる。

雇用期間	令和○年４月１日〜令和○年３月31日（１年間）
就業場所	○○○㈱○○○○支店　TEL00-0000-0000
所在地	○○県○○市○○○　FAX00-0000-0000
業務内容	パソコン使用による事務全般　　事務作業責任者○○○○
所定労働時間	午前９時０分〜午後６時０分（実働８時間）
休憩時間	正午〜午後１時
時間外労働	甲の時間外労働協定による１日５時間，月間45時間，年間360時間の範囲内とする
所定休日	毎週土・日曜日
賃金	基本給　　　　月額　　　20万円　　昇降級　無 通勤手当　月額上限　　　２万円　　賞与　　無 皆勤手当　　月額　　　5000円　　退職金　無
割増賃金	１　時間外労働　25%　　　２　深夜労働　25% ３　休日労働　　35%
賃金支払い時の控除	１　所得税，住民税，社会・労働保険料 ２　労使協定に基づく賃金控除有（寮費・昼食代）
賃金支払方法	月１回払い（月末締め　翌月５日支払い）
年次有給休暇	６カ月継続勤務後，当初の１年間に10日間
社会・労働保険	健康保険　　厚生年金保険　　雇用保険　　労災保険
雇用期間中の解雇・退職	１　雇用期間中であっても，乙が希望するときは，30日前に申し出ることにより退職できる。 ２　期間雇用社員就業規則（第○○条）に定める解雇事由のあるとき，甲は乙を解雇できる。ただし，労働法令に従う。 ３　発注先から請負契約が解約されたときは，他の配転に努めるが，困難なときは30日前の予告又は30日分の解雇

	予告手当の支払いにより解雇することがある。
労働契約の更新	業務の見直しによる業務量の増減，乙の能力，勤務態度，健康状態，甲の事業所成績，経営状況等を総合的に勘案し，契約更新の有無，及び更新する場合は，更新後の業務内容，賃金（増減）等を決定し，期間終了30日前までに乙に通知する。

甲　○○○（株）○○支店長　○○○○　印

乙　従業員　　　　　　　　　○○○○　印

Q5　有期労働契約期間の上限は

A5　60歳以上の者を雇う場合は，1回につき最長5年までの労働契約を締結することができる。

　労働者の雇用期間（労働者が1回の労働契約で会社に雇用されて働くことができる期間）について，労働基準法は次のように定めています。

　「労働契約は，期間の定めのないものを除き，一定の事業の完了に必要な期間を定めるもののほかは，3年（特例5年）を超える期間について締結してはならない」（労基法14条1項）。

　有期のパートタイム労働者や期間雇用者，登録型派遣労働者等と契約を結ぶ際には，雇用期間の限度（最長3年）に注意が必要です。

　ただし，60歳以上の高齢者と結ぶ労働契約は，1回につき最長5年まで認められます。

　労働者は，この契約期間中，原則として解約できませんが，「やむを得ない事由」があるときに限って即時解約できます。しかし，その事由が労働者の過失によって生じたときは，使用者に対して損害賠償の責を負います。このように，民法の有期雇用契約の規定は労働者に対する拘束力が強いので，労働基準法14条の規定は使用者の労働者に対する長期足止め防止のために設けられているものです。

　3年を超える労働契約を結んだ場合は，労働基準法の効力により，期間3年

の契約に短縮されます。なお，たとえば「期間5年」としていても，その間の労働者の解約の自由を留保した契約や，3年後は労働者に解約の自由の生ずる労働契約は，足止めの弊害がないので法違反となりません。

　一方，正社員として雇う場合には，期間の定めのない労働契約（無期契約）を結ぶのが一般的です。労働基準法では，無期契約を結ぶことについては，なんの制限もありません。

【図表5－7】雇用期間を定める労働契約は2タイプ

1　一定の事業の完了に必要な期間を定める労働契約
　⇒6年間で終了予定の大規模建設工事で，技術者を6年間雇い入れるような契約のしかた

| 契約期間の原則3年（特例5年）を超えてもかまわない。「6年ないし6年半」というように，ある程度不定期でも認められる。 | 「工事（工期未定）の終了まで」といった形のものはダメ。期間の定めのない契約にするか，3年（または5年）までの期間を定める。 |

2　一定の期間を定める労働契約（有期契約）
　⇒有期パート，期間雇用者，登録型派遣社員（スタッフ）等，「1年契約の臨時・嘱託職員」，「6カ月間のパートタイマー」などとして雇うもの。原則として1回の契約期間は最長3年だが，契約更新は問題なく行える。次の場合には，特例として最長5年の契約が認められる。

▼5年間の労働契約が認められるケース

① 高度に専門的な知識・技術・経験を有する労働者との契約
・博士の学位（外国において授与されたこれに該当する学位を含む）所有者
・公認会計士，医師，歯科医師，獣医師，弁護士，1級建築士，薬剤師，不動産鑑定士，弁理士，技術士，社会保険労務士，税理士の資格所有者
・情報処理技術・年金数理関連試験合格者
・特許発明の発明者，登録意匠の創作者または登録品種の育成者
・一定の専門業務従事者で，年収1,075万円以上の者
② 60歳以上の労働者と結ぶ契約

　有期労働契約期間の上限は以上のとおりですが，実際に60～65歳の高齢者を再雇用する場合は，１年契約で雇用し，必要に応じて契約更新するのがよいでしょう。そのようにすれば，会社は，状況に応じて契約更新したり，しなかったりすることが容易にできるからです。

　ただし，特定分野の優秀な専門家（図表５－７の２①）については，５年契約にすべきです。契約期間の途中で他社に引き抜かれることを防止できます。

　正当な理由がないのに，契約期間の満了前に辞職した場合には，会社が当人に損害賠償を請求することが認められています。

Q6　有期労働契約の締結・更新・雇止めの基準（告示）とは

A6　雇止め（契約更新拒否）は，実質的な解雇とされ，制限されている。

1　有期労働契約に関する基準（告示）とは

　有期労働契約の締結時や期間の満了時におけるトラブルを防止するために，使用者が講ずべき措置について，図表５－８に示すルールが定められています。

【図表５－８】有期労働契約の締結・更新・雇止めに関する基準（告示）の規定内容

①　労働契約締結時の明示事項等
②　雇止め（契約更新拒否）の予告義務
③　雇止め（契約更新拒否）の理由の明示義務
④　契約期間を長くする努力義務

　有期労働契約とは，契約社員，有期パート，登録型派遣労働者のように雇用期間を，たとえば１年，６カ月，１カ月と限定した契約のことです。

　雇止めとは，有期の労働契約で雇っている労働者について，当初の契約終了後，使用者が契約を更新せずに雇用関係を終わらせること（契約更新拒否）をいいます。

　労働基準監督署長は，この基準について，使用者に対して必要な助言や指導

を行うことができます。

　ただし，この基準（告示）に違反した使用者に対する罰則規定は設けられていません。

2　基準（告示）の規定内容は

(1)　「労働契約締結時の明示事項等」とは

　使用者は，期間の定めのある労働契約（有期労働契約）を結ぶ際には，労働者に対して，その契約の期間の終了後におけるその契約の更新の有無を明示しなければなりません。

　「明示」とは，口頭で説明するか，または労働条件通知書，労働契約書，就業規則等の文書を渡すことにより，労働者が理解できるようにすることです。

　明示すべき「更新の有無」の具体的な内容は，次のとおりです。

　①　労働契約を自動的に更新する
　②　更新する場合があり得る
　③　契約の更新はしない　など

　使用者が労働者にその契約を更新する場合があることを明示したときは，使用者は，労働者に対して，その契約を更新する場合，またはしない場合の判断の基準を明示しなければなりません。

　明示すべき「判断の基準」の具体的な内容は，次のとおりです。

　①　契約期間終了時の業務量により判断する
　②　その労働者の勤務成績，態度により判断する
　③　その労働者の能力により判断する
　④　会社の経営状況により判断する
　⑤　従事している業務の進捗状況により判断する　など

　また，使用者は，有期労働契約を結んだ後に，明示した「更新の有無」や「判断の基準」について変更した場合には，その契約を締結した労働者に対して，すみやかにその変更内容を明示しなければなりません。

(2) 「雇止め（契約更新拒否）の予告義務」とは

使用者は，有期労働契約（雇入れの日から起算して１年を超えて継続勤務している者にかかる契約などに限る）を更新しないこととしようとする場合には，その有期契約労働者（契約社員，有期パート等）に対して，少なくともその契約の期間の終了する日の30日前までに，契約更新をしないことの予告をしなければなりません。

ここでの対象となる有期労働契約は，図表５－９の場合です。

【図表５－９】雇止め（契約更新拒否）の予告義務の対象となる有期労働契約

> ①　１年以下の契約期間の労働契約が更新，または反復更新され，最初に労働契約を締結してから継続して通算１年を超える場合
> ②　当初から１年を超える契約期間の労働契約を締結している場合
> ③　継続勤務期間と関係なく，３回以上契約更新されている場合

ただし，使用者がその有期契約労働者（期間雇用者）に対して，あらかじめ契約更新しないことを言い渡してあるときには，雇止めの予告は必要ありません。

このうち，図表５－９の③とは，たとえば，図表５－10の者が対象となります。

【図表５－10】雇止めの30日前の予告の例

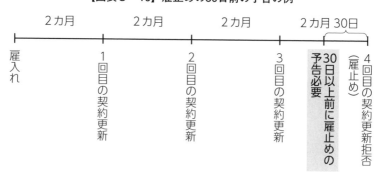

⑶ 「雇止め（契約更新拒否）の理由の明示義務」とは

雇止め（契約更新拒否）の予告義務の場合において，使用者は，労働者から更新しないこととする理由について証明書を請求されたときは，遅滞なく，これを交付しなければなりません。

明示すべき雇止めの理由例は，図表5－11のとおりです。

【図表5－11】明示すべき雇止めの理由例

> ①　前回の更新時に，本契約を更新しないことが合意されていたため
> ②　契約締結当初から，更新回数の上限を設けており，本契約はその上限にかかるものであるため
> ③　担当していた業務が終了・中止したため
> ④　事業縮小のため
> ⑤　その期間雇用者の業務を遂行する能力が十分でないと認められるため
> ⑥　その期間雇用者が職務命令に対する違反行為を行ったこと，無断欠勤をしたことなど勤務不良のため

また，有期労働契約が更新されなかった場合においても，使用者は，労働者が更新しなかった理由について証明書を請求したときは，遅滞なくこれを交付しなければなりません。

⑷ 「契約期間を長くする努力義務」とは

使用者は，有期労働契約（その契約を1回以上更新し，かつ雇入れの日から起算して1年を超えて継続勤務している者にかかる契約などに限る）を更新しようとする場合においては，その契約の実態およびその労働者の希望に応じて，契約期間をできる限り長くするように努めなければなりません。

Q7 有期労働契約者の雇止め（契約更新拒否）についての判例は

A7 図表5−12，図表5−13のとおり。

---

1 有期労働契約者の雇止めが認められないケースは

いわゆる「雇止め」（契約更新拒否）とは，使用者が有期パート，契約社員，登録型派遣労働者等の労働契約の契約更新をせずに期間満了を理由に退職させることをいいます。判例で，雇止めは実質的な解雇とみなされ，一定の場合には認められません。つまり，解雇無効となります。

雇止めの可否について争われた裁判例をみると，図表5−12の6つの判断要素を用いて，それぞれの事案の契約実態を総合的に判断しています。裁判例での判断結果は，おおむね図表5−13の4つに類型化されます。

【図表5−12】裁判例での判断要素

判断要素	具 体 例
①業務の客観的内容	• 従事する仕事の種類・内容・勤務の形態（業務内容の恒常性・臨時性・業務内容についての正社員との同一性の有無等）
②契約上の地位の性格	• 地位の基幹性・臨時性（嘱託・非常勤講師等） • 労働条件についての正社員との同一性の有無
③当事者の主観的態様	• 継続雇用を期待させる当事者の言動・認識の有無・程度等（採用に際しての雇用契約の期間や，更新ないし継続雇用の見込み等についての雇用主側からの説明等）
④更新の手続き・実態	• 契約更新の状況（反復更新の有無・回数，勤続年数等） • 契約更新時における手続きの厳格性の程度（更新手続きの有無・時期・方法，更新の可否の判断方法等）
⑤他の労働者の更新状況	• 同様の地位にある他の労働者の雇止めの有無等
⑥その他	• 有期労働契約を締結した経緯 • 勤続年数・年齢等の上限の設定等

【図表5－13】裁判例での判断の結果

契約関係の状況	事案の特徴	雇止めの可否
A　純粋有期契約タイプ 　期間満了後も雇用関係が継続するものと期待することに合理性は認められないもの	・業務内容が臨時的な事案であるほか，臨時社員など契約上の地位が臨時的な事案が多い。 ・契約当事者が期間満了により契約関係が終了すると明確に認識している事案が多い。 ・更新の手続きが厳格に行われている事案が多い。 ・同様の地位にある労働者について過去に雇止めの例がある事案が多い。 《代表的な裁判例》 　亜細亜大学事件（東京地裁昭60（ワ）5740号昭63・11・25判決）	可
B　実質無期契約タイプ 　期間の定めのない契約と実質的に異ならない状態に至っている契約であると認められるもの	・業務内容が恒常的であり，更新手続きが形式的な事案が多い。 ・雇用継続を期待させる使用者の言動が認められる事案が多い。 ・同様の地位にある労働者について過去に雇止めの例がほとんどない事案が多い。 《代表的な裁判例》 　東芝柳町工場事件（最高裁第一小法廷昭45（オ）1175号昭49・7・22判決）	
C　期待保護（反復更新）タイプ 　雇用継続への合理的な期待が認められる契約であるとされ，その理由として相当程度の反復更新の実態が挙げられているもの	・業務内容が恒常的であり，更新回数が多い。 ・業務内容が正社員と同一でない事案，同様の地位にある労働者について過去に雇止めの例がある事案がある。 《代表的な裁判》 　日立メディコ事件（最高裁第一小法廷昭56（オ）225号昭61・12・4判決）	不可
D　期待保護（継続特約）タイプ 　雇用継続への合理的期待が，当初の契約締結時等から生じていると認められる契約であるとされたもの	・更新回数は概して少ないが，契約締結の経緯等の特殊な事例が多い。 《代表的な裁判例》 　福岡大和倉庫事件（福岡地裁昭62（ヴ）3383号平2・12・12判決）	

　Aタイプのように，ごく一時的な臨時労働者，定年後の再雇用による臨時労働者，非常勤講師，学生アルバイター等の臨時性の明らかな労働者については，期間満了で契約は当然終了すると判断されています。一方，B～Dタイプのように，解雇に関する法理の類推適用等により，雇止めは認められないと判断された事案も少なくありません。

2　有期労働契約の更新後の取扱いは

　有期労働契約が更新されると，その契約内容によって新たな雇用関係が始まります。有期契約の期間満了ののち，双方異議なく事実上雇用関係が続いた場合は，契約は前の契約と同一条件で更新されたものとして取り扱われます。

　この契約更新期間中，労働者側からは期間の定めのない契約と同じように，いつでも解約（辞職）通告をすることができます。

Q8　非正規社員と正規社員との同一労働同一賃金ルールへの対応方法は――2019年改正パートタイム労働法・労働契約法・労働者派遣法のポイント

A8　企業が正社員を定年退職後，契約社員等として再雇用する場合には，定年前後の賃金（基本給，各種手当，賞与，退職金）その他の労働条件の差異について合理的理由を各社員に説明できるように準備しておくことが必要。

1　ポイントは

　働き方改革関連法では，雇用形態にかかわらない公正な待遇の確保のために，次の3点についてパートタイム労働法，労働契約法，および労働者派遣法の改正が行われました（施行期日：令和2（2020）年4月1日（中小企業についてのパートタイム労働法と労働契約法の適用は令和3（2021）年4月1日）。

　(1)　正規雇用労働者（正社員等：フルタイムの無期契約労働者）と非正規雇用労働者（パート，契約社員，派遣労働者等）との間の不合理な待遇差を

　解消するための法規定の整備

(2)　非正規労働者に対する待遇に関する事業主の説明の義務化

(3)　上記(1)(2)についての行政（都道府県労働局等）による裁判外紛争解決手続きの整備等（図表5−17）。

2　正規雇用労働者と非正規雇用労働者との間の不合理な待遇差を解消するための法規定の整備とは――派遣労働者は2つの改善方式の選択制

1）法改正により，パートタイム労働法（短時間労働者の雇用管理の改善等に関する法律）の名称が「短時間労働者及び有期雇用労働者の雇用管理の改善等に関する法律」（略称：パート・有期雇用労働者法）に改正されました。

2）そのうえで，有期雇用労働者（いわゆる契約社員。以下同じ）についても，「不合理な待遇の禁止の原則規定」が設けられました。

　つまり，有期雇用労働者が正規雇用労働者と

①　職務内容（業務内容・責任の程度）および

②　職務内容・配置の変更（人事異動）の範囲（いわゆる人材活用のしくみ）が同一である場合

の差別的取扱いが禁止の対象になりました。

3）パート・有期雇用労働者法8条の規定内容は次のとおりです。

> （不合理な待遇の禁止）
> 第8条　事業主は，その雇用する短時間・有期雇用労働者の基本給，賞与その他の待遇のそれぞれについて，当該待遇に対応する通常の労働者の待遇との間において，当該短時間・有期雇用労働者及び通常の労働者の業務の内容及び当該業務に伴う責任の程度（以下「職務の内容」という。），当該職務の内容及び配置の変更の範囲その他の事情のうち，当該待遇の性質及び当該待遇を行う目的に照らして適切と認められるものを考慮して，不合理と認められる相違を設けてはならない。
> （注）アンダーラインのあるのは平成30（2018）年に改正された部分

4）パート・有期雇用労働者と正規雇用労働者との間について，

① 職務内容（業務内容・責任の程度）

② 職務内容・配置の変更（人事異動）の範囲

③ その他の事情

を考慮して不合理な待遇差の禁止について規定が設けられました。つまり，待遇差が不合理か否かは，基本給，賞与その他の待遇のそれぞれについてそれらの待遇の目的に照らして適切と認められる事情を考慮して判断されるべき旨が明確化されました（パート・有期雇用労働者法 8 条）。

5）非正規社員が正規社員に比べて賃金について合理的な理由のない差別を受けているとする民事訴訟については，最近，最高裁をはじめとして次々と判決が出されています。

　これらを見ると，各種手当については一部認める判決も出されています。しかし，基本給や退職金については認められていません。

3　事業主に対する労働者の待遇に関する説明の義務化とは
——説明を求めた場合の不利益取扱いは禁止

1）法改正により，有期雇用労働者についても，雇入れ時における事業主による待遇内容等の説明義務（雇入れ時）が創設されました（短時間労働者・派遣労働者についてはすでに現行法で法制化済み）。

2）また，短時間労働者・有期雇用労働者・派遣労働者について，事業主に正規雇用労働者との待遇差の内容・理由等の説明義務（労働者が説明を求めた場合）が創設されるとともに，労働者が説明を求めた場合の不利益取扱いが禁止されました。

4　行政（都道府県労働局等）による裁判外紛争解決手続きの整備等

1）法改正により，有期雇用労働者について，パート・有期雇用労働者法に諸規定を移行・新設することにより，同法の行政による助言・指導・勧告等や都道府県労働局の調停等の対象になりました（図表 5 -17）。

2）派遣労働者についても，均等・均衡待遇規定等や事業主の説明義務につい

て，新たに従来のパートタイム労働法と同様の都道府県労働局の調停等の対
象とすることになりました（図表5–17）。

5　裁判外紛争解決手続き（個別労働関係紛争解決システム）

1）会社（使用者）と個々の従業員との間で賃金，労働時間，その他の労働条
件，待遇，解雇，男女差別，正規労働者と非正規労働者との間の不合理な待
遇差別その他をめぐってトラブルがある場合は，個別労働関係紛争解決シス
テム（図表5–17の1～3の制度）を利用することをおすすめします。

2）個別労働関係紛争解決システムは，比較的軽微な紛争を早期に解決するも
ので，年間100万件を超える利用があります。

3）利用は無料です。最寄りの労働基準監督署または都道府県労働局雇用環
境・均等部（室）に問い合わせしてください。

4）パート・有期雇用労働者法施行後は，基本的に個別判断方式によることを
明確化

　注目される改正点は，何を対象として不合理な待遇を禁止するかについて
は，「基本給，賞与その他の待遇のそれぞれについて」と規定され，基本給
や賞与だけではなくその他の待遇の「それぞれ」について1つひとつ合理性
を判断することが必要となりました。また，「その他の事情のうち，当該待
遇の性質及び当該待遇を行う目的に照らして適切と認められるものを考慮」
することが明らかになったことです。

　5）企業の留意点——個別案件ごとに丁寧に判断していく

　このように，各企業としては，1つひとつの待遇について，その待遇がど
ういう性質のものか，また，どういう目的のものかを個別に判断しなければ
ならなくなるということです。

　たとえば，一定日数以上出勤したことに対する報奨として支給される精皆
勤手当については，その対象となっている無期雇用フルタイム労働者（いわ
ゆる正社員。以下同じ）と同一の業務に従事する有期雇用またはパートタイ
ム労働者には，同一の支給をしなければならなくなります。それは，シフト
勤務などにおいて指定された勤務日に無欠勤または少ない欠勤で勤務するこ

とで業務の円滑な遂行に寄与することの報奨として支給される精皆勤手当の性質・目的に照らして，同じ業務で勤務日の指定を受け無欠勤または少欠勤で勤務した労働者には，無期雇用フルタイム労働者か短時間・有期雇用労働者かを問わず，同一の支給をすることが求められるからということになります。

（注）上記４），５）の記載内容は，労働調査会発行『労働基準広報』2018.6.1号「弁護士＆元監督官がズバリ解決！」28〜29頁によります。

　また，通勤手当・食事手当等についても同様です。

６）さらに，有期雇用労働者が正規雇用労働者と

①　職務内容（業務内容・責任の程度）および

②　職務内容・配置の変更（人事異動）の範囲（いわゆる人材活用のしくみ）が同一である場合

　の差別的取扱いが禁止の対象となりました（パート・有期雇用労働者法９条）。

７）たとえば，次のように就業規則または労働契約書に定められていればパートと正社員とでは人事異動になる対象地域の範囲が異なるので両者の待遇に相違があっても合理性があるということになります。

　　パート：人事異動の範囲は，現在勤務している支店内のみとする。

　　正社員：人事異動の範囲は，東京都区内の本店およびすべての支店とする。

８）上記１）〜７）の法規定の整備により不要となった「労働契約法第20条（不合理な差別の禁止）規定」が削除されました。

10）さらに派遣労働者については，図表５−16の２つの選択制により，派遣労働者の待遇が確保されることになりました。

【図表５−14】公正な待遇の確保施策の対象者

法改正前 ／ 法改正後

法改正前	法改正後
・パートタイム（短時間）労働者	・パートタイム（短時間）労働者 ・期間雇用者（いわゆる契約社員） ・派遣労働者

【図表5－15】パート・有期雇用労働者法・労働契約法・労働者派遣法の改正内容

「働き方改革実行計画」に基づき，以下に示す法改正を行うことにより，同一企業内における正規雇用労働者と非正規雇用労働者の間の不合理な待遇差の実効ある是正を図る。

1．不合理な待遇差を解消するための規定の整備

○　短時間・有期雇用労働者に関する同一企業内における正規雇用労働者との不合理な待遇の禁止に関し，個々の待遇ごとに，その待遇の性質・目的に照らして適切と認められる事情を考慮して判断されるべき旨を明確化。
（有期雇用労働者を法の対象に含めることに伴い，題名を改正（「短時間労働者及び有期雇用労働者の雇用管理の改善等に関する法律」））

○　有期雇用労働者について，正規雇用労働者と①職務内容，②職務内容・配置の変更範囲が同一である場合の均等待遇の確保を義務化。

○　派遣労働者について，①派遣先の労働者との均等・均衡待遇，②一定の要件（同種業務の一般の労働者の平均的な賃金と同等以上の賃金であること等）を満たす労使協定による待遇のいずれかを確保することを義務化。

○　また，これらの事項に関するガイドラインの根拠規定を整備。

2．労働者に対する待遇に関する説明義務の強化

○　短時間労働者・有期雇用労働者・派遣労働者について，正規雇用労働者との待遇差の内容・理由等に関する説明を義務化。

3．行政による履行確保措置及び裁判外紛争解決手続（行政ADR）の整備

○　前記1の義務や前記2の説明義務について，行政による履行確保措置及び行政ADRを整備。

【図表5－16】派遣労働者の待遇確保についての2つの選択方式

A	派遣労働者と派遣先事業場の雇用している労働者との均等・均衡待遇方式（労働者派遣法に派遣労働者と派遣先労働者との待遇差について，短時間労働者・有期雇用労働者と同様の均等待遇規定・均衡待遇規定を創設）
B	一定の要件（同種業務の一般の労働者の平均的な賃金と同等以上の賃金であること等）を満たす労使協定による待遇決定方式

【図表5－17】個別労働関係紛争解決システムの流れ

対象となるトラブル

- 正規労働者と非正規労働者との待遇についての不合理な差別的取扱い
- 解雇，雇止め（契約更新拒否），配置転換，出向，昇進，昇格，労働条件にかかわる差別的取扱い
- セクシャル・ハラスメント，パワー・ハラスメント（いじめ等）
- 募集・採用に関する差別的取扱い
- 労働条件（不利益変更等）に関する紛争
- 労働契約（継続，競業禁止特約等）に関する紛争

　労働組合と使用者の間の紛争（都道府県庁の労働委員会が担当）や，労働者どうしの紛争は取り扱わない。

1 総合労働相談コーナーで相談

全国の都道府県労働局，労働基準監督署に設けられた相談コーナーで，次のことを行う。
- 照会内容に応じた関係法令，判例，紛争解決事例等の情報や資料の提供
- 相談員による相談
- 相談者が希望すれば，都道府県庁の労働委員会，労働相談センター等，他機関への事案の引継ぎ

労働法令違反の事案については，別に労働基準監督署，都道府県労働局需給調整課，雇用環境・均等部（室）に通報。改善指導，送検が行われる。

2 都道府県労働局長による助言・指導

民事上のトラブルについて，労使当事者に助言・指導し，解決を図る。

解決できなければ…

3 紛争調整委員会によるあっせん，調停

紛争調整委員会は学識経験のある専門家3～12人で構成されている。
A　一般の労働条件・解雇等
　⇒委員長が指名した3名の委員が，紛争当事者の話し合いをあっせん，調停して解決を図る。
B　正規労働者と非正規労働者との待遇についての不合理な差別的取扱い、男女の雇用差別，セクハラ，パワハラ，育児・介護休業，パート労働等
　⇒委員が調停案の作成，調停，受諾勧告をして解決を図る。

あっせんも調停も，ともに紛争当事者に自主的な解決を促すもので，強制力はない。

Q9　再雇用者の年次有給休暇の取扱いは

A9　一定の要件を満たした社員には年次有給休暇を与えなければならない。

1　労働者の年次有給休暇の取得日数

　労働基準法に定める年次有給休暇（以下，「年休」という）を請求できるのは，①６カ月以上継続勤務し，かつ②全労働日の８割以上勤務した労働者です。定年退職者を同一会社で再雇用した場合には，定年退職前の勤務期間も通算されます。

　入社後６カ月を経過していない者には，年休を与える必要はありません。入社後６カ月を経過した者には，その６カ月間の出勤率が８割以上である場合には10日の年休を与えなければなりません（図表5－18）。

【図表5－18】正社員（フルタイマー）の年休日数

勤続年数	年休日数	勤続年数	年休日数
勤続６カ月～	10日	６年６カ月～	20
１年６カ月～	11	７年６カ月～	20
２年６カ月～	12	８年６カ月～	20
３年６カ月～	14	９年６カ月～	20
４年６カ月～	16	10年６カ月～	20
５年６カ月～	18		

2　全労働日の８割以上の出勤とは

　年休を請求するためには，６カ月以上の継続勤務のほかに，６カ月継続勤務した者はその６カ月間に，また１年６カ月以上継続勤務した者はその直前1年間に，「全労働日の８割以上」出勤しなければなりません。「全労働日」とは，就業規則等によって，労働義務の課せられている日のことです。休日労働をしても，その日は全労働日の日数に含まれません。

　８割以上出勤したか否かの計算にあたっては，次の場合は出勤したものとみ

なされます。
①　業務上の負傷・疫病による療養のため休業した期間
②　労働基準法の規定による産前産後休業をした期間
③　育児・介護休業法に規定する育児・介護休業をした期間
④　年休を取得した日
⑤　使用者の責に帰すべき事由によって休業した日

　なお，法定の生理休暇，会社独自の慶弔休暇，その他の就業規則に定められた休暇を取得した日をどのように取り扱うかは使用者の自由ですが，出勤したものとみなすことが望ましいでしょう。
　全労働日の8割未満の出勤日数であった場合には，それ以降1年間に年休は与えられません。しかし，会社に在籍していれば，継続勤務年数としては通算されます。

3　年休の半日単位・時間単位での付与

　年休は，半日単位・時間単位で与えてもかまいません。ただし，時間単位で与える場合には，あらかじめ労使協定を結ばなければなりません（図表5-19。労働基準監督署への届出は不要）。
　こうした取扱いは費用をかけずにできますし，とくに高齢者やパート等には喜ばれます。

【図表5-19】年次有給休暇の時間単位付与に関する労使協定例

○○○○株式会社（以下「甲」という。）と同社社員の過半数を代表する者○○○○（以下「乙」という。）は，年次有給休暇の時間単位付与に関し，次のとおり協定する。
（対象者の範囲）
第1条　甲は，甲の社員で年次有給休暇（以下「年休」と略す。）の請求権を有するすべての者に対して，1年度につき5日分について，当人の請求により1時間単位で年休を与える。
（時間の計算等）

第2条　1日の所定労働時間は，8時間分として取り扱う。したがって，1年度の総労働時間のうち40時間分については，1時間単位で年休を与える。
（半日休暇）
第3条　勤務日の午前又は午後の半日について年休を取得した場合は，0.5日分（4時間）とみなす。
（端数計算）
第4条　社員が1時間未満の年休を取得した場合は，1時間とみなす。
（本協定の有効期間）
第5条　本協定の有効期間は，令和○年○月○日から令和○年○月○日までとする。ただし，有効期間満了の1カ月前までに甲，乙いずれからも申出がないときには，さらに1年間有効期間を延長するものとし，以降も同様とする。

令和○年○月○日

　　　　　　　　　　　　　　　　（甲）○○○○株式会社
　　　　　　　　　　　　　　　　　　　専務取締役○○　○○　㊞
　　　　　　　　　　　　　　　　（乙）社員の過半数代表者
　　　　　　　　　　　　　　　　　　　　　○○　○○　㊞

Q10　年休の継続勤務年数の数え方は

A10　正社員が定年退職後，契約社員等として再雇用された場合には，定年退職前後の勤続年数が通算されて，年休の付与日数が決められる。

　年休の継続勤務年数とは，同じ会社での労働契約の継続期間，在籍期間のことで，その取扱いは図表5-20のとおりです。

【図表5-20】継続勤続年数の扱い

項　目	説　明
①基準日	継続勤務期間の起算日は，原則として労働者の採用日。
②契約社員・パート・派遣社員	短期契約の社員との労働契約を更新した場合，それまでの勤務期間は継続勤務期間として通算する。契約満了後，数日間を置いて契約更新をしても同様。

③雇用形態の変更	パートから正社員への身分の切替え，定年退職者の嘱託（契約社員）としての再雇用は，単なる雇用形態の変更であり，継続勤務として取り扱う。

　短期契約労働者については，実質的に労働関係が継続していれば継続勤務とみなされます。契約更新をする場合にただちに更新せず，数日の間隔を置いてから更新する場合であっても，もっぱら同一事業場の業務に従事していれば休日以外に欠勤その他就業しない日が多少あっても継続勤務が中断されないと判断されます。

　契約更新時に間隔を置くことが年休付与義務を免れるための脱法的意図でなされているものかどうかも考慮して法の適正な運用が図られます。

Q11　労働日数・時間数の少ないパートの年次有給休暇は

A11　労働日数・時間数の少ないパートには，年休を比例付与する。

1　労働日数・時間数の少ないパートへの比例付与

　パートなど所定労働日数・時間数の少ない労働者については，年休の比例付与の制度（通常の労働者とパートとの労働日数の差に比例させた日数の年休を与える制度）が設けられています。

　次の要件に該当するパートなどに対する年休の付与日数は，図表5-21のとおりです。

　①　週の所定労働日数が4日以下の者
　②　週以外の期間によって所定労働日数が定められている者については，1年間の所定労働日数が216日以下の者

【図表5-21】パート等の年次有給休暇の付与日数

週の所定労働日数	1年間の所定労働日数	勤続年数						
		勤続6カ月～	1年6カ月～	2年6カ月～	3年6カ月～	4年6カ月～	5年6カ月～	6年6カ月～
4日	169～216日	7	8	9	10	12	13	15
3日	121～168日	5	6	6	8	9	10	11
2日	73～120日	3	4	4	5	6	6	7
1日	48～72日	1	2	2	2	3	3	3

　ただし，①または②に該当していても，所定労働時間が週30時間以上の者については，正社員（フルタイマー）の年休日数が与えられます。たとえば「週4日勤務，1日の所定労働時間が8時間」のパートがこれに該当します。

2　年休付与の要件

　パートや契約・登録型派遣社員等については，1カ月あるいは3カ月といったように期間を定めて雇用契約を結んでいる場合，年次有給休暇を与えなくてもよいと考えている事業主が少なくありません。

　しかし，6カ月未満の期間を定めて契約していても，何回か契約更新を行って，事実上6カ月以上引き続き勤務している場合は，年休を与える義務があります。

Q12　懲戒処分の種類と内容は

A12　就業規則に定めなければならないが，一定の制限がある。

1　懲戒処分の種類

　懲戒処分というのは，服務規律や事業場の秩序に違反した労働者に対し，事

業主が科す一種の制裁罰です。事業場以外の場所で行われた事業外の行為であっても，会社の社会的信用を著しく傷つけた場合は懲戒処分の対象となります。

　各企業が設けている懲戒処分には，軽いものから重いものまで，図表5－22のようなものがあります。

【図表5－22】懲戒処分の種類

種類	内　容	説　　　明
①訓戒	将来を戒める処分	訓戒・譴責は最も軽い処分で，それら自体には降格，賃金カットなどの具体的・経済的な不利益はない。ただし，昇給，昇格，賞与の考課査定の際のマイナスポイントになる。 　訓戒や譴責処分を繰り返し科しても改まらない場合，次回より重い懲戒処分を科すことになる。
②譴責	業務報告書を提出させて将来を戒める処分	
③減給制裁	賃金をカット	減給できる金額について労働基準法に制限規定がある（後述）。
④昇給停止	一定期間，昇給を停止する処分	
⑤出勤停止	出勤を停止させ，その間の賃金は支給しない処分	出勤停止に伴う賃金カットについては労働基準法に制限規定はない。出勤停止の期間についても法規定上の制限はないが，あまりに長いと民法90条の公序良俗違反となるおそれがあり，1週間ないし10日程度にとどめるべき。
⑥降格，降職	職務または職階を下位の等級に降下させる処分	
⑦懲戒休職	雇用関係は継続したまま，一定期間就労を禁止する処分	
⑧諭旨解雇	対象行為は懲戒解雇処分に相当するが，情状などを考慮して自発的	勧告に応じれば退職金は全額または一部を支給する。応じない場合は懲戒解雇にするという就業規則を持つ会社が多い。

	に退職することを勧告し，即時退職を求めるもの	
⑨懲戒解雇	労働契約を解除して従業員としての身分を奪い，会社から排除するという最も重い処分	即時解雇。退職金の一部または全部不支給が一般的。事案が悪質，重大または繰り返し行われているような場合で，排除しなければ，事業場の秩序，生産性の維持，あるいは信頼関係の維持継続が困難となるような事由でなければ懲戒解雇に処することはできない。

　なお，就業規則に懲戒規定を設ける場合には，次のような制約事項があります。これらの制約を除けば，各企業が自由に懲戒の種類，程度を定められます。

①　公序良俗規定（民法90条）に反しないこと

②　減給制裁の制限（労基法91条）に反しないこと

2　減給制裁には制限がある

　減給制裁とは，仕事を怠けたり，服務規律・企業秩序に違反した従業員に対する制裁として，その従業員が受け取るべき賃金のなかから一定額を差し引く（カットする）ことです。減給の程度（金額）については就業規則に定めておくことが必要です。

　ただし，その額はあまりに大きくなると労働者の生活を脅かすおそれがありますので，次のような制限が設けられています。この規定に違反し，制限を超えた減給処分をすると，労働基準法違反で罰金刑が科せられます。

①　1回の事案に対する減給額は1日分の平均賃金の半額以内。ただし，1日に2回の処分対象行為があった場合，それぞれについて，1日分の平均賃金の半額ずつ，都合1日分全額を減給することはさしつかえない

②　1賃金支払期（たとえば今月25日〜翌月24日）に発生した数回の事案に対する減給総額は，その賃金支払期における賃金総額の10分の1以内。欠勤などのために賃金実額が少額となっている場合は，その賃金額の10分の1以内

162

　遅刻や早退，欠勤などの労働しない時間に比例して賃金を減額するのは制裁に当たりません。これは債務不履行によるものです。しかし，30分の遅刻を切り上げて1時間分として扱う，あるいは遅刻1回につき一律何円減額するという方法をとると，減給制裁とみなされます。

　また，ケンカ，会社の物品の私的利用などに科せられる一律の減額も制裁に当たりますので，減額の程度について労働基準法の制限を受けます。同様に，降給，減俸と称して，従来と同じ業務に従事させながら賃金だけを下げることも減給制裁に当たります。

3　普通解雇と懲戒解雇の違いは

　普通解雇は，経営上の理由あるいは労働者が働けないなど，労働契約を続けがたいやむを得ない事由のあるときに認められるものです。一方，懲戒解雇は，重大な服務規律・企業秩序違反などがあった際に，最も重い制裁として職場から排除するものです。

　被解雇者への対応は，懲戒解雇のほうが退職金の一部または全額不払い，即時解雇と厳しくなります。したがって，解雇が有効と認められる範囲も，懲戒解雇のほうが普通解雇よりも厳しく（狭く）なります。

　しかし，懲戒解雇に該当する事由のある場合に，普通解雇で済ませることは何ら問題はありません。労働者にとってプラスでこそあれ，マイナスにはならないからです。

　懲戒解雇としては認められないが，普通解雇としては認められる事由があった場合に，使用者が行った懲戒解雇の通告を普通解雇の通告として取り扱うことはできるでしょうか。

　これは，認められないとする判断が主流を占めています。理由は，前述のように両者は質的に大きく異なるものだからです。

　このようなケースの場合，会社は，懲戒解雇を通告するのにあわせて，予備的に普通解雇の通告もしておくことが必要です。

Q13　退職・解雇とは

A13　いずれも労働契約の終了を意味するが，解雇には多くの要件がある。

1　労働契約が終了する事由・形態は

　退職・解雇は，いずれも会社と従業員との間の労働契約にもとづく雇用関係が終了し，従業員がその身分を失うことです。このうち退職とは，解雇以外の雇用関係の解消事由全体を指します。解雇とは，使用者が一方的に従業員との労働契約を解約することです。労働者の同意は必要ありません。

　退職・解雇（労働契約の終了）の形態は，図表5−23のとおりです。

(1)　合意退職とは

　合意退職とは，従業員と会社との合意による労働契約の解約です。依願退職といわれているものの多くがこれに当たります。労使双方の合意による解約ですから，労働基準法の解雇規制や労働契約法の解雇権濫用の無効規定は適用されません。

　従業員が「退職願い」を提出したのが合意退職の申入れの趣旨であれば，会社の承諾があってはじめて退職になります。退職の時点は，原則として会社の承諾があった時点です。ただし，双方で別の日を退職日と決めれば，その日となります。

　なお，退職する・しないは，あくまでも従業員が自主的に判断することです。会社側が早期退職者優遇制度を設けたり，希望退職者を募ったりしても，それはあくまでも口頭で説明，勧誘，促しをすることまでが限度です。

　従業員からの退職の意思表示が会社の脅迫や従業員の錯誤によるものであったり，真意でないときは，その意思表示の効力は民法の規定により取り消されるか，または無効になります。

【図表5－23】退職・解雇の種類

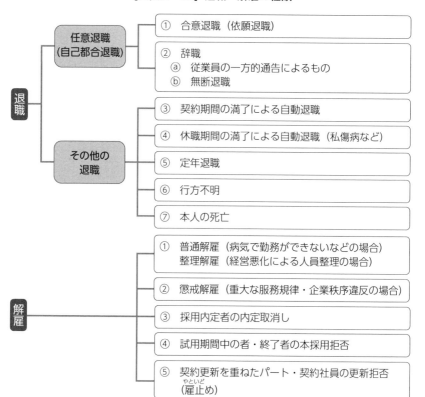

(2) 辞職とは

辞職とは，従業員からの一方的な通告による労働契約の解約のことです。その有効・無効の判断には民法が適用されます。

(3) 契約期間満了による退職とは

契約期間の定めがあるときは，その期間の満了によって労働契約は終了します。

しかし，契約社員・パートなどの場合に，労働契約が反復更新され，労働者がその後も反復更新を期待するような状況にあるときは，雇止め（契約更新を

拒否すること）は解雇と同様に，判例による規制を受けます。

2　解雇には厳しい要件がある

　解雇が有効となるための要件は，図表5－24のとおりです。また，「解雇事由」として法律で禁止されているものは図表5－25のとおりです。

【図表5－24】解雇の有効要件の比較

1　普通解雇	2　1のうちの整理解雇	3　懲戒解雇
(1)　法定の解雇禁止事由に該当しないこと	(1)　同左	(1)　同左
(2)　30日以上前の解雇予告，または30日分の解雇予告手当（平均賃金）の支払い〔例外〕 •労働基準監督署長の解雇予告除外認定 •一定の臨時労働者（労働基準法）	(2)　同左	(2)　同左
(3)　労働協約，就業規則，労働契約の規定を守ること	(3)　同左	(3)・(4)　次の①〜⑥のすべてを守ること ①　処分の合理性・相当性の原則（違反行為が悪質・重大なこと） ②　就業規則の根拠規定とその厳守 ③　過去にさかのぼっての処分の禁止 ④　二重処分の禁止 ⑤　就業規則の規定どおりの手続き ⑥　従業員本人に弁明（説明・言い訳）の機会を与えること
(4)　解雇事由に合理性・相当性があること	(4)　次の4要件が必要 ①　経営上の必要性 ②　整理解雇を避ける努力 ③　被解雇者の選定の妥当性 ④　労働組合の代表者または従業員と協議を尽くす	

【図表５−25】法律で禁止されている解雇事由

① 労働基準法で禁止
　ａ．業務上の負傷・疾病による休業期間，その後の30日間
　ｂ．産前産後の休業期間，その後の30日間
　ｃ．事業場の労働関係法令違反を労働基準監督署等に申告
　ｄ．労働者の国籍，信条，社会的身分
　ｅ．事業場の過半数代表者，労働委員会の労働者委員になること，なろうと
　　　したこと，正当な行為をしたこと等
② 男女雇用機会均等法で禁止
　ａ．解雇についての男女の差別的取扱い
　ｂ．婚姻・妊娠，産前産後休業等の請求・取得
　ｃ．女性の婚姻・妊娠・出産を退職理由とする定め（労働協約，就業規則，
　　　労働契約等）
　ｄ．妊娠中および出産後１年以内の女性の解雇
　ｅ．男女労働者の都道府県労働局長への紛争解決援助の申出，調停の申請
③ 労働組合法で禁止
　・労働組合の結成・加入，正当な活動
④ 育児・介護休業法で禁止
　・育児・介護休業，看護休暇，介護休暇等の申請・取得
⑤ 公益通報者保護法で禁止
　・公益通報（内部告発）

3　企業の対応のしかたは

　企業としては法律の規制や労使トラブルを避けるために，可能な限り，従業員が合意退職，または辞職するように努力することが必要です。

Q14　普通解雇のルール

A14　労働者保護のため，普通解雇には厳格な規制がある。

1　普通解雇の４つのルール

　労働契約の一方の当事者である労働者の意思に反して，もう一方の事業主の側から労働契約を解約することを普通解雇といいます。

　普通解雇には，整理解雇（事業縮小などによる解雇）も含まれます。

　仕事がなくなると労働者は賃金収入がなくなり，生活に困ります。このため，普通解雇については，次のとおり，法令や判例上の厳格な規制があります。

① 　法律の解雇禁止・制限事由に触れないこと
② 　解雇予告制度を守ること
③ 　労働協約，就業規則，労働契約の解雇関連規定を守ること
④ 　解雇理由に合理性・相当性があること

2　ルール①　法律の解雇禁止・制限事由に触れない

　まずはじめに，すべての種類の解雇（普通解雇，整理解雇，懲戒解雇）について法律で禁じている，あるいは制限を加えている事由は前項で述べたとおりです（図表５−25）。

　たとえば，妊娠中の女性労働者および出産後１年を経過しない女性労働者（妊産婦）に対してなされた解雇は無効とされます。ただし，妊娠，出産，産前産後休業の取得その他が解雇理由でないことを，事業主が証明したときはこの限りではありません。

　また，労働者が業務上負傷し，または疾病にかかり，療養のために休業する期間およびその後30日間は，その者を解雇することができません。ただし，次のような場合は解雇は有効です。

① 　事業主が打切補償を支払う場合（療養開始後３年を経過しても回復できない場合に平均賃金の1,200日分を支払ってその後の補償を打ち切る場合）

168

② 労働者が労災保険法による長期療養給付を受けるようになった場合
③ 天災事変その他やむを得ない事由で事業の継続が不可能となったことを労働基準監督署長が認定した場合

3　ルール②　解雇予告制度を守ること

　解雇する場合，少なくとも30日前に労働者に対して解雇予告をするか，あるいはそれに代えて解雇予告手当として30日分以上の平均賃金を支払わなければなりません（図表5-26）。

【図表5-26】解雇予告・解雇予告手当・即時解雇

A　解雇の予告（解雇日の30日以上前）
B　解雇予告手当（30日分の平均賃金）の支払い
C　即時解雇（解雇予告も解雇予告手当支払いも必要なし）
　イ　予告する前に労働基準監督署長の解雇予告除外認定を受けた場合
　　①　天災事変その他により事業を継続できない場合
　　②　労働者の帰責事由による解雇の場合
　ロ　一定の臨時的労働者を解雇する場合

　予告期間が30日に満たない場合には，その不足日数分の予告手当を日割計算して支払うことが認められています。たとえば，解雇予告が15日前になってしまった場合には，残り15日分の解雇予告手当を支払えば，予告手当を支払った日数分だけ予告日数を短縮することができるわけです。

　解雇予告は，30日以上前であれば，何日前でもかまわないのですが，解雇の日がその労働者に明確にわかるように日を特定しなければなりません。したがって，「40日以上経ったら」とか「何月何日までに元請から仕事の発注がなかったら」というような条件つきの予告は解雇予告とはみなされないのです。

　また，「工事終了時」という表現も，実際の解雇の日が早くなったり遅くなったりするおそれがありますので，日を特定したことになりません。

　予告手当は，解雇と同時に，事業場で直接労働者に支払います。

　なお，図表5−26の「Ｃ　即時解雇」のイ②の「労働者の帰責事由による解雇の場合」と認定されるケースは図表5−27のとおりです。この認定を受けるためには，事実を裏づける書類・資料等が必要となります。

【図表5−27】「労働者の帰責事由による解雇の場合」と認定されるケース

1　事業場内における盗み，横領，傷害等，刑法犯に該当する行為があった。
2　事業場外で行われた上記1の行為でも著しく事業場の名誉，信用を失墜させるもの，取引関係に悪影響を与えるもの，または労使間の信頼関係を失わせるものであった。
3　賭博，風紀びん乱等により職場規律を乱し，他の社員に悪影響を及ぼした。
4　事業場外で行われた上記3の行為でも，著しく事業場の名誉，信用を失墜させるもの，取引関係に悪影響を与えるもの，労使間の信頼関係を失わせるものであった。
5　採用条件の要素となるような経歴を詐称した。
6　雇入れの際，使用者の行う調査に対し，不採用の原因となるような経歴を詐称した。
7　他の会社に転職した。
8　原則として2週間以上，正当な理由なく無断欠勤し，出勤の督促に応じない。
9　出勤不良について，数回にわたって注意を受けても改まらない。

4　ルール③　労働協約，就業規則，労働契約の解雇関連規定を守ること

　解雇に関する規定の記載は就業規則の絶対的必要事項（必ず記載しなければならない事項）です。したがって，労働者10人以上の事業場では，必ず解雇事由などについて就業規則に規定しておかなければなりません。

　労働者9人までの事業場には，就業規則の作成義務はありません。しかし，解雇をめぐる労使間のトラブルを防ぐために，就業規則または労働契約書（労働条件通知書）のなかに解雇事由を明確に規定してください。

　また，労働組合がある会社で，組合と労働協約を結んでいて，そのなかで解

雇の要件・手続きなどを規定している場合は，それに従う必要があります。

　しかし，就業規則，労働契約や労働協約に解雇に関する規定がなくても，その解雇に合理性・相当性があれば，その解雇は有効とみなされます。

5　ルール④　解雇理由に合理性・相当性があること

　解雇の合理的な理由とは，誰が考えてもその労働者が解雇されるのはやむを得ないという理由があることです。また，「相当性」とは，解雇の理由となった事実と解雇という重大な処分のバランスがとれているということです。たとえば，数回の遅刻や早退を理由とした解雇はバランスがとれているとはいえません。労働者の行為に比べて処分が著しく重すぎます。

　従来からの判例の積み重ねにより「解雇権濫用の法理」が確立されて，それに照らして合理的な理由・相当性のない解雇，相当性を欠く解雇は無効とされます。

　解雇権濫用の法理でいう解雇の合理的理由，つまり，その解雇はやむを得ないと認められるものは，おおむね図表5－28のように整理できます。

【図表5－28】合理性が認められる解雇

```
1．労働者が働けない，あるいは適格性を欠くとき
　①　本人の身体または精神に障害があり，業務に耐えられない
　②　勤務成績，勤務態度が著しく不良で就業に適さない
　③　技能・能率が著しく劣り，就業に適さない
　④　著しく協調性を欠く
　⑤　重要な経歴の詐称により会社と労働者の信頼関係が損なわれた
2．経営不振，合理化により職種がなくなり，他職種への配転もできないなど
　の理由により，人員整理が経営上十分に必要性があるとき（整理解雇）
3．重大な服務規律・企業秩序に違反する行為があったとき
　　これは本来なら懲戒解雇に該当する行為があった場合に，代わりに普通解
　雇とするケース
```

Q15　有期契約労働者の解雇の注意点

A15　契約期間満了前の解雇（使用者による一方的な契約の解除）は制限される。

1　労働者にはさまざまな雇用・就業形態がある

　労働者には図表5−29のようにさまざまな雇用・就労形態があります。それぞれの雇用・就労形態が有期契約であるか，または無期契約であるかは図表5−30のとおりです。

【図表5−29】さまざまな雇用・就業形態の名称と定義

名　称	定　義
①正社員	期間の定めのない労働契約（無期契約）で雇用され，定年までの雇用が予定される者
②パートタイム労働者（短時間労働者）	同じ会社の通常の労働者（正社員等）よりも，1日または1週間の所定労働時間が短い者
③有期契約労働者（期間雇用労働者，有期雇用労働者）	期間を限った労働契約（有期契約）で雇用された者。パートタイム労働者の大半もこれ
④契約社員（期間雇用者）	一般に期間雇用者をいうが，雇用関係のない業務処理請負就業者，在宅就業者を契約社員と呼ぶ場合もある。本書では前者のこと
⑤派遣労働者（派遣社員）	人材派遣会社と労働契約を結び，別の勤務先（派遣先）で働く労働者
⑥在宅勤務者	労働基準法上の労働者で，自宅で勤務する者
⑦日雇い労働者	1日ごとの雇用契約で雇用される者
⑧アルバイター	副業として雇用労働に従事する者の通称
⑨フリーター	長期の常用労働者にならず，パートタイム労働者，派遣，日雇いなどを繰り返す者の通称

172

【図表5-30】雇用・就労形態別の有期・無期早見表

	有期契約労働者	無期契約労働者
正社員	×	○
パートタイム労働者 （短時間労働者）	○ （大多数）	○ （一部）
期間雇用者（契約社員）	○	×
派遣労働者	○ （大多数）	○ （一部）

2 有期契約労働者の解雇は制限される

　期間の定めのある労働契約（有期労働契約）について，「やむを得ない事由がある場合でなければ，その契約期間が満了するまでの間において，労働者を解雇することができない」と定められています。

　使用者は，有期契約（雇用期間の定めのある契約）期間中は，契約社員（期間雇用者），有期パート（雇用期間の定めのあるパートタイム労働者）を，原則として，解雇（契約の解除）することができません。

　ただし「やむを得ない事情」，つまり次のような事情がある場合に限って解雇することが認められます。

① 天災事変による事業の著しい損害の発生
② 使用者または労働者の事故，重病
③ 労働者の著しい企業秩序・服務規律違反，勤務状況の劣悪　など
④ 使用者の著しい事業不振　など

　解雇が使用者の過失による場合は，労働者に残余期間分の賃金を支払わなければなりません。労働者側の過失，あるいは当事者の不可抗力による場合には，残余期間分の賃金支払いは不要です。また，使用者が破産手続き開始の決定を受けたときは解雇できます。

　有期契約期間中に契約社員，有期パート，登録型派遣労働者等を解雇する場合，解雇予告については，当初の契約期間が2カ月以内であっても，契約更新等により当初の契約期間を超えて継続雇用されていれば，労働基準法の解雇予

告の規定が適用されます。

　したがって，解雇の際には，30日以上前の解雇予告，または30日分以上の解雇予告手当（平均賃金）の支払いが必要になります。

【図表 5 −31】 有期パート・期間雇用労働者の解雇の前に確認しておくべきこと

CHECK　解雇の前にここを確認

□　以下の解雇禁止の事由に当たらないか。
　• 業務上の疾病による休業期間と，その後30日間
　• 産前 6 週間，産後 8 週間の休業期間と，その後30日間
　　➡以上の期間中でも，天災事変等のやむを得ない理由によって事業の継続が不可能となったときは解雇できる。
　• 女性の婚姻，妊娠・産前産後休業等を退職，解雇の実質的な理由とすること

□　労働協約，就業規則や労働契約書に解雇理由の定めはあるか。
　　➡定めていれば，それ以外の理由では解雇できない。

□　30日前の解雇予告，または解雇予告手当（30日分の平均賃金）の支払いをしたか。

□　以下のような正当な解雇理由があるか。
　• 事業の休廃止，縮小，再編成その他事業の運営上，やむを得ないこと
　• 休業，休職していた正社員の職場復帰，受注の減少等により人手が余る
　• 本人の身体や精神の故障等により，業務に耐えられないか，不十分な業務しかできない
　• 勤務成績が不良で就業に適さない
　• たび重なる無断欠勤・遅刻・早退・犯罪行為，重大な服務規律・企業秩序違反，経歴詐称等
　　➡正社員ほど厳格ではないが，パート等の解雇にも正当な理由が必要。これを欠く場合，裁判で解雇権の濫用と判断され，解雇は無効になる（パート等の職場復帰と，それまでの間の賃金支払い等が命じられる）。

Q16　有期契約労働者の「無期転換ルール」とは

A16　同一企業に５年以上継続雇用されている契約社員，有期契約パート，
　　　登録型派遣労働者等が，事業主に申し出ると，自動的に（承認されな
　　　くとも）無期契約（定年年齢までの継続雇用）となる。

　平成25年に施行された改正労働契約法18条により，契約社員，有期契約パー
ト，登録型派遣労働者等が５年間を超えて継続雇用されると，本人の申し出に
より，有期契約から無期契約に転換されることになります。

　このため，企業が60歳定年退職者を契約社員，有期パート等として再雇用す
る場合は，原則として，通算５年までにとどめておくことが必要になります。

　この「無期転換ルール」の「特例措置」の内容については，次のQ17で説明
します。

　改正労働契約法の主な改正内容は図表５−32のとおりです。

【図表５−32】改正労働契約法のポイント（平成25年４月施行）

1. 「有期労働契約」の「期間の定めのない労働契約」への転換
　　有期労働契約が５年を超えて反復更新された場合（※１）は，労働者の申
込みにより，無期労働契約（※２）に転換させるしくみを導入する。
　（※１）原則として，６カ月以上の空白期間（クリーニング期間）があるとき
　　　　は，前の契約期間を通算しない。
　（※２）別段の定めがない限り，従前と同一の労働条件となる。

2. 有期労働契約の更新等（「雇止め法理」の法定化）
　　雇止め法理（判例法理）を制定法化する。（※）
　（※）①同一企業で，有期労働契約の反復更新により無期労働契約と実質的に
　　　　異ならない状態で存在している場合，または②有期労働契約の期間満了後
　　　　の雇用継続につき合理的期待が認められる場合には，雇止めが客観的に合
　　　　理的な理由を欠き，社会通念上相当であると認められないときは，有期労
　　　　働契約が更新（締結）されたものとみなす。

(1)　「有期労働契約」の「期間の定めのない契約（無期契約）」への転換とは

　有期労働契約が5年を超えて反復更新された場合には，その労働者が使用者に申し込むことにより，自動的に（使用者が承諾しなくても），無期労働契約に転換されるというものです。

(2)　賃金や労働時間等の変更は

　契約形態以外の労働条件については「別段の定め」がない限り，その労働者の有期労働契約の労働条件のままでよいとされています。

　「別段の定め」とは，事業主が労働協約（使用者と労働組合の代表者とで結ぶ契約），就業規則または労働契約で，従来とは異なる取扱いをすると規定しておくことです。たとえば「有期労働契約から無期労働契約に転換されたパートタイマーについては，正社員と同等の賃金，労働時間，休日等の取扱いに改める」と就業規則等に規定しておけば，そのように取り扱われることになります。

Q17　「定年後継続雇用高年齢者」についての無期転換ルールの特例措置とは

A17　同一企業での雇用が5年間を過ぎても，引き続き，有期契約労働者として雇用継続できる。

1　ポイントは

　定年後に有期契約により再雇用されている高年齢者について，事業主が，都道府県労働局長に，雇用管理措置計画（第2種）を申請し，認められた場合には，再雇用後5年間を超えても，引き続き，有期契約で継続雇用することが認められています（有期雇用特別措置法。図表5－35）。

2 「定年後継続雇用高年齢者」の範囲と特例措置の内容は

⑴ 「定年後継続雇用高年齢者」の対象範囲は

　この場合の対象は，定年退職年齢（60歳以上の者に限る）に達した後，引き続いてその事業主，または「特殊関係事業主」に雇用される有期雇用労働者です。

　「特殊関係事業主」とは，高年齢者雇用安定法9条2項で規定する「特殊関係事業主」（いわゆるグループ会社）のことをいいます。具体的には，①元の事業主の子法人等，②元の事業主の親法人等，③元の事業主の親法人等の子法人等，④元の事業主の関連法人等，⑤元の事業主の親法人等の関連法人等が対象となります。

⑵ 特例措置の内容は

　上記⑴の者については，事業主が，労働者が定年年齢に達する前に，次の**3**，**4**の「雇用管理措置計画」の認定を受ければ，定年退職後引き続いて雇用される期間については，労働契約法18条1項の「無期転換申込権」が発生しません。

　なお，すでに定年に達した労働者に関しても，雇用管理措置計画の認定を受ければ特例措置の対象となることができます。しかし，特例措置の対象者が計画の認定を受けた時点で，すでに無期転換申込権を行使していた場合は，特例措置の効果は発生しません。

⑶ 特例措置の具体的ケースは

　図表5−33のとおりです。

3 有期雇用特別措置法による雇用管理措置計画（第二種計画）認定・変更の手続きのしかたは

⑴ 雇用管理措置計画（第二種計画）認定の手続きは

　有期雇用特別措置法による無期転換ルールの特例措置の適用を受けるためには，事業主は，「雇用管理措置に関する計画」を作成したうえで，都道府県労

【図表5－33】継続雇用の高年齢者に関する特例のケース

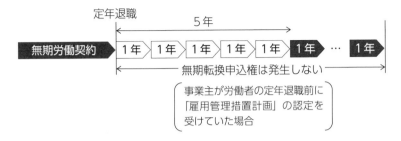

働局長の認定を受けることが必要です。

　なお，定年後継続雇用高年齢者は第二種計画の認定を受けることが必要です。
また，計画の認定申請は，社会保険労務士による事務代理が可能です。

⑵　「雇用管理措置計画（第二種計画)」の変更の手続きは

　認定された計画（第二種計画）に変更が生じた場合は，計画の変更申請を行
うことが必要です。変更に際しては，変更申請書および変更後の内容がわかる
書類（各2部）を添えて都道府県労働局長に提出する必要があります。たとえ
ば，図表5－34のようなケースが，これに該当します。

【図表5－34】雇用管理措置計画（第二種計画）の変更が必要な場合の例

①　申請した雇用管理に関する措置を行わなくなった場合（継続雇用の高年齢
　者）
②　申請書において高年齢者雇用確保措置を変更すべき場合（高年齢者）

⑶　「特例措置」が認められた場合と認められなかった場合の違いは

1）「特例措置」が認められた場合には，有期契約社員の「無期転換ルール」
は適用されません。

　このため，たとえば，1年契約の社員として5年を超えて契約更新しても，
1年契約のままです。

　したがって，契約の更新をしなければ，1年契約の満了時には自動退職となります。

2）他方，「特例措置」を認めてもらっておかない場合，たとえば，60歳の定年退職後，1年契約で再雇用し，65歳を超えて契約更新し，本人が会社に申し出ると自動的に無期契約労働者となります。

　こうなると，会社は，当人を辞めさせたい場合には解雇せざるを得ず，これは非常に困難なことになります。

4　定年後継続雇用高年齢者に係る「雇用管理措置計画（第二種計画）」とは

(1)　雇用管理措置計画（第二種計画）の記載事項は

　事業主は，雇用管理措置計画（第二種計画）には特例措置の対象となる有期雇用労働者の特性に応じて事業主が行う雇用管理に関する措置の内容を記載しなければなりません。具体的には，①高年齢者雇用安定法にもとづく高年齢者雇用確保措置を講じるとともに，②図表5-35の1）～8）のうちのいずれかの措置を行うことが必要です。

【図表5-35】高年齢者に関する雇用管理措置の内容

1）高年齢者雇用安定法11条の規定による高年齢者雇用推進者の選任
2）職業能力の開発および向上のための教育訓練の実施等
　　高年齢者の有する知識，経験等を活用できるようにするための効果的な職業訓練としての，業務の遂行の過程外における教育訓練の実施または教育訓練の受講機会の確保
3）作業施設・方法の改善
　　身体的機能や体力等が低下した高年齢者の職業能力の発揮を可能とするための作業補助具の導入を含めた機械設備の改善，作業の平易化等作業方法の改善，照明その他の作業環境の改善および福利厚生施設の導入・改善
4）健康管理，安全衛生の配慮
　　身体的機能や体力等の低下を踏まえた職場の安全性の確保，事故防止への配慮および健康状態を踏まえた適正な配慮
5）職域の拡大

　　身体的機能の低下等の影響が少なく，高年齢者の能力，知識，経験等が十
　分に活用できる職域を拡大するための企業における労働者の年齢構成の高齢
　化に対応した職務の再設計等の実施
6）知識，経験等を活用できる配置，処遇の推進
　　高年齢者の知識，経験等を活用できる配置，処遇の推進のための職業能力
　を評価するしくみや資格制度，専門職制度等の整備
7）賃金体系の見直し
　　高年齢者の就労の機会を確保するための能力，職務等の要素を重視する賃
　金制度の整備
8）勤務時間制度の弾力化
　　高齢期における就業希望の多様化や体力の個人差に対応するための短時間
　勤務，隔日勤務，フレックスタイム制，ワークシェアリング等を活用した勤
　務時間制度の弾力化

　なお，高年齢者の雇用管理措置を行うにあたっては，関係する労働者の理解
と協力が重要となります。このため，雇用管理の内容について関係する労働者
に対し，意見聴取や周知を行うなど，関係労働者の理解と協力を得るよう努め
ることが求められます。

⑵　企業単位で一括して都道府県労働局に申請できる

　高年齢者の雇用管理措置計画の申請は，本社・本店を管轄する都道府県労働
局に，就業規則など雇用管理措置の内容がわかる資料を添えて提出（各2部）
する必要があります。本社・本店で一括して作成すればよく，事業場ごとに作
成する必要はありません。

　たとえば，その企業の本社が東京都内にある場合には，東京労働局雇用環
境・均等部指導課〔TEL：03（3512）1611〕に申請します。

⑶　雇用管理措置計画（第二種計画）認定申請書の様式は

　図表5-36のとおりです。

【図表5−36】雇用管理措置計画認定申請書（第二種計画用）の様式

様式第7号

第二種計画認定・変更申請書

○○年○○月○○日

○○労働局長殿

1 申請事業主

名称・氏名		代表者職氏名 （法人の場合）			印
住所・所在地	〒（ − ）		電話番号 FAX番号	（ ） （ ）	

2 第二種特定有期雇用労働者の特性に応じた雇用管理に関する措置の内容
　□高年齢者雇用推進者の選任
　□職業訓練の実施
　□作業施設・方法の改善
　□健康管理，安全衛生の配慮
　□職域の拡大
　□職業能力を評価する仕組み，資格制度，専門職制度等の整備
　□職務等の要素を重視する賃金制度の整備
　□勤務時間制度の弾力化

3 その他
　□高年齢者雇用安定法第9条の高年齢者雇用確保措置を講じている。
　　□65歳以上への定年の引き上げ
　　□継続雇用制度の導入
　　　□希望者全員を対象
　　　□経過措置に基づく労使協定により継続雇用の対象者を限定する基
　　　準を利用
　　　　（注）高年齢者等の雇用の安定等に関する法律の一部を改正する
　　　　　法律（平成24年法律第78号）附則第3項に規定する経過措置
　　　　　に基づく継続雇用の対象者を限定する基準がある場合

（記入上の注意）
1.「2 第二種特定有期雇用労働者の特性に応じた雇用管理に関する措置の内容」は

該当する措置の内容の□にチェックしてください。

2.「3　その他」は，該当する□はすべてチェックしてください。

（添付書類）

1.「2　第二種特定有期雇用労働者の特性に応じた雇用管理に関する措置」を実施することが分かる資料（例：契約書の雛形，就業規則等）

2. 高年齢者雇用確保措置を講じていることが分かる資料（就業規則等（経過措置に基づく継続雇用の対象者を限定する基準を設けている場合は，当該基準を定めた労使協定書（複数事業所を有する場合は本社分のみで可。）を含む。））

3. 変更申請の場合は，認定されている計画の写し。

5　特例措置に関する労働条件の明示とは

　有期雇用特別措置法の適用にあたっては，事業主は，労働契約の締結・更新時に，定年後継続雇用高年齢者の特例措置の対象となる高年齢者に対しては，定年後引き続き雇用されている期間が，無期転換申込権が発生しない期間であることを書面で明示する必要があります。

Q18　退職・解雇時の会社側の手続きは

A18　従業員から申し出があれば，すみやかに「退職証明書」を交付しなければならない。

1　退職証明書の発行は

　退職・解雇のあとに，従業員から退職証明書を請求されたときは，次の事項を記載し，すみやかに交付しなければなりません。

① 　使用期間（その企業における勤務期間）

② 　業務の種類（できるだけ具体的に）

③ 　地位（職名，役付名，責任の限度）

④ 　賃金（1カ月の総額とその明細）

⑤ 　退職・解雇の事由

この記載事項のうち「解雇の事由」については，解雇予告の日から退職日までの間に請求された場合でも，使用者は遅滞なく交付しなければなりません。それ以外の事項について従業員から記載の請求があった場合は，記入してもさしつかえありませんが，従業員から請求がない事項を記入することは禁じられています。

また，あらかじめ第三者と共謀し，就職妨害の目的で，従業員の国籍・信条・社会的身分・労働組合活動に関することを記載する，あるいは退職証明書に秘密の記号を記入することは禁止されています（以上，労働基準法）。

2　賃金・退職金の支払いは

従業員の死亡，退職や解雇の場合，権利者（本人または遺産相続人）から請求があれば，7日以内に，その従業員の権利に属する賃金その他の金品を返還しなければなりません。

この場合，賃金は通常の支払日以前であっても，退職日から7日以内に支払わなくてはなりません。退職金も就業規則，労働協約等によりあらかじめ支給要件が明確なものは賃金であり，本条による支払義務の対象です。

ただし，退職金規程等で支払時期が定められている場合（たとえば退職日から2カ月以内）には，その期日に支払いをすれば適法です（以上，労働基準法）。

3　退職時の社会・労働保険の手続きは

社会・労働保険の手続きをまとめると図表5-37のとおりです。

【図表5－37】社会・労働保険の手続き

項　目	説　　　明
①　雇用保険の手続き	「被保険者証」を会社が預かっている場合は，退職者に返す。また，退職者の「離職票」はできるだけ早く自宅に送る。 　退職者が，公共職業安定所（ハローワーク）で失業給付の受給手続きをする際に，「雇用（失業）保険被保険者証」と「雇用保険被保険者離職票1・2」が必要となる。
②　健康保険の手続き	退職者に，健康保険証（遠隔地の扶養家族分も含む）を返還させ，保険の脱退手続きを行う。 　退職者が資格喪失後の継続給付を希望する場合には，会社は必要な書類に医師の証明を受けさせて提出させる。
③　厚生年金保険の手続き	年金手帳（会社に保管）は必ず，退職者に返還する。従業員または会社が紛失したときは再発行する。

第6章
再雇用した契約・パート社員の賃金制度と運用
——勤労意欲を高めるために賃金制度の設計・運用に大幅な改善を

　定年退職した正社員を契約社員（有期契約労働者：雇用期間を，たとえば1年，6カ月といったように限定して雇用する社員）として再雇用する場合には，契約する所定労働時間について，次の2つの形が考えられます。

　a　フルタイマー…1日8時間，1週40時間勤務する者

　b　パートタイマー（短時間）社員…上記aよりも短時間働く者。たとえば，

　　• 1日4時間×1週5日＝1週20時間勤務

　　• 1日8時間×1週3日＝1週24時間勤務

Q1　再雇用した契約・パート社員の賃金制度の設計・管理のポイント

A1　勤労意欲を高めるために，賃金制度の設計・運用を大幅に改善することが必要。

1　賃金制度において注意すべき点は

　再雇用した契約・パート社員の賃金額を決め，支払う場合には，次の点に十分留意してください。

　(1)　勤労意欲を高めるために，賃金制度の設計・運用を大幅に改善する

　(2)　法定の最低賃金額（時間額）を守る

　(3)　賃金支払いの5原則（労基法24条）を守る

(4) 適法に割増賃金（時間外・休日・深夜労働）を支払う

(5) 国の助成金を活用する

(1) 勤労意欲を高めるために，賃金制度の設計・運用を大幅に改善する

1）従来，大多数の企業で，定年退職後に再雇用した契約・パート社員の賃金
制度は，たとえば１週間に２～３日，１日８時間勤務。給与は年間200～300
万円（基本給と賞与の合計額）と月当たり一定限度内の通勤交通費のみ，他
の手当，残業代，退職金等はいっさいなし，といったような単純なものが多
かったのではないでしょうか。

2）今回の高年法改正により，70歳までの就業機会の確保が全企業の努力義務
となりました。いずれ近いうちにこれは「全企業の義務」になると予想され
ます。

　たとえば，60歳定年制の企業では，再雇用した契約・パート社員に60～70
歳の10年間勤務してもらうことになります。

　この間，余生としてのんびり働くか，勤労意欲を持って全身全霊で働くか
によって，企業への貢献度はまったく異なることになります。

3）本章では，主婦パート社員等を主戦力としている企業が勤労意欲を高める
ために行っている，賃金制度の設計・運用についてのきめ細かな工夫例を紹
介します。

4）各企業とも，これらを参考にして，再雇用した契約・パート社員の勤労意
欲を高めるための賃金制度の設計・運用の改善を試みてください。

(2) 法定の最低賃金額（時間額）を守る

　日本国内で雇用する労働者を１時間でも使用する場合には，最低賃金額以上
の賃金を支払わなければなりません（最低賃金法）。詳しくは190ページ～で説
明します。

(3) 賃金支払いの５原則（労基法24条）を守る

　賃金は，①通貨で，②直接労働者に，③全額を，④毎月１回以上，⑤一定期
日に支払わなければなりません。これと異なる取扱いが認められるケースは法

律で限定されていて，しかも労使協定の締結が必要です（詳しくは205ページ〜を参照）。

(4)　適法に割増賃金（時間外・休日・深夜労働）を支払う

　1日8時間または1週40時間以内で残業（契約労働時間を超えた労働）をさせた場合には，1時間当たりの賃金額を支払えば適法です。割増分は不要です。たとえば，1日の契約労働時間が4時間，時間給1,000円のパート（短時間労働社員）に2時間残業させた場合の残業代は「1,000円×2時間＝2,000円」です。

　ただし，1日8時間，または1週40時間（一部特例事業場は44時間）を超えて労働させた場合や，深夜（午後10時から午前5時）に労働させた場合は，その時間について25％以上の割増賃金を支払わなければなりません。

　法定休日（週に1日）に労働させた場合は35％以上です。深夜の時間外労働では50％になります。

(5)　国の助成金等を活用する

　現在，パートタイム労働者を再雇用すると，国から支給される助成金等が多数あります。これらの支給額も加味して労働者に支払う賃金額を決めてください。

　60歳以上の者を雇用した場合に，企業または労働者がもらえる助成金等は，図表6－1のとおりです。

　たとえば，図表中②の1）「高年齢者雇用継続基本給付金」というのは，60歳到達時の賃金月額を100として，その後の賃金月額が25％を超えて下がった場合には，国（公共職業安定所）がその労働者本人に60歳以後の賃金月額の15％を，65歳まで5年間支給するものです。

188

【図表6－1】 高年齢者（60～70歳）の雇用に関係する年金・給付金

給付金の種類	受給対象者	
	事業主	高年齢者
①特別支給の老齢厚生年金		○
②高年齢者雇用継続給付金 1）高年齢者雇用継続基本給付金 2）高年齢者再就職給付金		○
③定年引上げ等奨励金	○	

2　賃金額を決める際の考慮事項

　一般に，主婦パート社員の賃金には，図表6－2のような特徴があります。

【図表6－2】 主婦パート社員の賃金の特徴

①　ほとんどの事業所が時間給で支払っていて，日給，月給などで支払っている例はわずかである。
②　パートは住所から近い就職先会社を探すのが普通なので，狭い地域ごとに賃金相場ができている。
③　パートの賃金相場は，短期間にきわめて大きく変動する。たとえば，団地の近くにスーパーマーケットが数店新しく開店することになると，団地の主婦のパート希望者の奪い合いになる。時間給もうなぎ登りに上がる。
④　同じ地域で働くパートの場合，賃金に差のつく最も大きな要因は職種である。とくに資格を必要とする職種，技術，技能を必要とする職種は高くなる。この職種ごとの差は，大都市ほど大きく，地方では小さいと思われる。
⑤　女性パートの場合，年齢，勤続年数による金額の差は若干ある。

　こうした特徴も考慮して，再雇用した契約・パート社員に支払う賃金額を決める際には，次の点に留意する必要があります。
　(1)　職種ごとの地域の賃金相場
　(2)　法律に定められた最低賃金額
　(3)　自社の支払能力

(1)　職種ごとの地域の賃金相場

　まずは，その地域の職種における賃金相場を把握することが必要です。主婦パート社員等の場合，この相場より低い賃金では納得してくれないでしょう。実際，ほとんどの企業では「地域の同種のパートの相場賃金」を考慮して賃金額を決めています。そのほか「正社員労働者の同種職種の賃金」，「高卒初任給」も考慮します。

　パートの賃金の地域相場は，正社員労働者などと異なり，ちょっとした事情から，短期間に大きく変動します。パートを多数雇用している企業は，ネットワークを張りめぐらせて，そのときどきの相場をつかんでおくことが欠かせません。賃金の地域相場は，公共職業安定所に申し込まれている求人の賃金，商工会議所など経済団体が行った調査結果，求人情報誌，新聞広告，チラシなどでつかめます。

　また，全国的な状況については，賃金構造基本統計調査などについて，都道府県労働局の職業安定部，都道府県庁の統計課に聞けばわかります。

　再雇用した契約・パート社員の賃金を決定する際にも，以上のことを参考にしてください。

(2)　法律に定められた最低賃金額

　これについては，次のQをご参照ください。

(3)　自社の支払能力

　人件費が粗利益に占める割合を労働分配率といい，経営面からすると，35％以内に収めることができれば理想的です。限界は，一般的には45％といわれています。自社の賃金支払予算を勘案して，効率的な人材確保を心がけることが必要です。

Q2　最低賃金とは

A2　すべての従業員に対して法定の最低賃金額（時間額）以上の賃金を支払わなければならない。

1　法定の最低賃金とは

　最低賃金制度とは，最低賃金法で労働者への最低支払金額を定め，使用者に守ることを義務づけたものであり，違反すると罰則が科される制度です。最低賃金は，日本国内で働くすべての労働者に適用され，使用者は最低賃金額に満たない賃金で従業員を使用することはできません。

　最低賃金は，都道府県ごとに時間額で決められています。

　毎年10月頃に金額の改定が行われていますので，そのときどきの金額は，最寄りの労働基準監督署または都道府県労働局に問い合わせてください。

　たとえば，東京都のように産業別の最低賃金の定めがある場合，その産業で働いている労働者には，地域別最低賃金ではなく，その産業別の金額が適用されます。産業別最低賃金の定めがない場合は，各都道府県ごとの地域別最低賃金が適用されます。

　ただし，東京都の場合，次のような労働者については産業別最低賃金ではなく地域別最低賃金が適用されます。

　①　18歳未満の者または65歳以上の者

　②　雇入れ後6カ月未満で，技能習得中の者

　③　清掃または片づけの業務に主として従事する者

　最低賃金は，常用労働者だけでなく，パート，アルバイト，臨時，日雇労働者にも適用されます。雇用形態，性別，国籍（日本人か外国人か），不法就労者かどうかはまったく関係ありません。

　仮に会社と労働者の間の労働契約で，最低賃金額未満の賃金額で働くことの合意があっても，その労働契約は無効です。この場合，最低賃金額と同じ金額で合意をしたものとみなされます。

【図表6-3】各都道府県の地域別最低賃金（時間額）（令和3年10月現在）

都道府県名	最低賃金時間額【円】	都道府県名	最低賃金時間額【円】
北海道	889	滋　賀	896
青　森	822	京　都	937
岩　手	821	大　阪	992
宮　城	853	兵　庫	928
秋　田	822	奈　良	866
山　形	822	和歌山	859
福　島	828	鳥　取	821
茨　城	879	島　根	824
栃　木	882	岡　山	862
群　馬	865	広　島	899
埼　玉	956	山　口	857
千　葉	953	徳　島	824
東　京	1,041	香　川	848
神奈川	1,040	愛　媛	821
新　潟	859	高　知	820
富　山	877	福　岡	870
石　川	861	佐　賀	821
福　井	858	長　崎	821
山　梨	866	熊　本	821
長　野	877	大　分	822
岐　阜	880	宮　崎	821
静　岡	913	鹿児島	821
愛　知	955	沖　縄	820
三　重	902	全国加重平均額	930

2　最低賃金の適用除外者とは

　雇用する労働者が次のいずれかに該当する場合は，使用者の申請により最低賃金の適用が除外され，都道府県労働局でその金額を下回る額が決められます。
　この場合，使用者は労働基準監督署経由で都道府県労働局長に申請し，許可

を受ける必要があります。

① 精神・身体の障害により著しく労働能力の低い者
② 試用期間中の者
③ 基礎的な職業訓練を受講中の者
④ 所定労働時間のとくに短い者，軽易な業務・断続的労働に従事する者

3 日給制，月給制の場合の最低賃金額違反の有無の確認のしかたは

　現在，最低賃金は，時間額のみで定められています。日給制や月給制で賃金が支払われている場合は，これらの賃金額を時間当たりの金額に換算して比較します。

　日によって定められた賃金（日給制）については，その金額を1日の所定労働時間数（日によって所定労働時間が異なる場合には，1週間における1日平均所定労働時間数）で除した金額と最低賃金額を比較します。

　また，月によって定められた賃金（月給制）については，その金額を月における所定労働時間数（月によって所定労働時間数が異なる場合（注）には，1年間における1カ月平均所定労働時間数）で除した金額と最低賃金額を比較します。

　（注）この場合の計算式は，月給額÷$\dfrac{\text{年間総所定労働時間数}}{12\text{カ月}}$となります。

　月給制の場合，最低賃金との比較対象となるのは，所定内賃金のうち基本給と業務に関連した諸手当（たとえば，汚れ作業手当，繁忙時手当，資格手当等）のみです。

Q3　再雇用した契約・パート社員の賃金体系をどうするか

A3　主婦パート社員等の賃金体系（図表6−5）の良い点を取り入れる。
　　テレワーク手当も要検討。

1　主婦パート社員等の賃金体系は

　主婦パート社員等に用いられている賃金のしくみ（賃金体系）は，正社員に
比べて簡単なものです。一般的には，図表6−4のように基本給とその他必要
に応じてつける手当だけです。

　また，図表6−5は主婦パート社員等の賃金のしくみを決めるときのポイン
トをまとめたものです。

【図表6−4】主婦パート社員等の賃金体系図

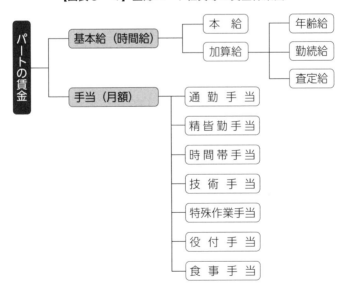

【図表6-5】主婦パート社員等の賃金体系のポイント

項目	説明
①あまり複雑にしない	あまり複雑にしないほうが会社としても事務処理が簡単であり，パートにとってもわかりやすくなる。たとえば，午前10時から午後4時まで，一般事務員として，パート3人を使用するというように，仕事の内容，一勤務時間帯に差がない場合は，「基本給」（時間給）と「通勤手当」（実費）だけで十分。 　次の②以下に説明する加算給や手当は，必要がある場合にだけつければ足りる。
②仕事のこなし方を考慮する	レストラン，スーパーマーケット，メーカーなどのように，パートが多数で，勤務年数が長期化し，定着してくると，勤務年数や年齢による少額の金額差を設けることが必要になる。今日はじめて働く人と，5年間継続勤務したベテランとでは，仕事のこなし方に差があるので，その点を考慮する（加算給としての「勤続給」や「年齢給」）。
③査定給をつける	パートの競争意識を高め，戦力化を図るには，加算給として「査定給」をつけることも必要。
④出勤率を高めたいときは「精皆勤手当」を設ける	それぞれのパートにより，勤務の時間帯，仕事の内容，役割が異なる場合は，公平を保つ意味で，手当をつけることが必要になる。また，出勤率を高めたいときは「精皆勤手当」を設けることも必要。 　たとえば，レストランなどの場合，午後6時から9時までの間は1日のうちで最も多忙になるうえ，家庭の主婦が働きにくい時間帯であるため，その時間帯に働く人には「時間帯手当」をつけることも必要。
⑤チームワークを乱さない範囲内で小さい差をつける	ただし，加算給や手当は，人間関係を悪くしたり，チームワークを乱さない範囲内で差を小さくすることがポイント。
⑥査定給や職務，能力に応じた手当をつける	パートを主戦力としている企業では，パートを一般社員並みに戦力アップするため，さまざまなかたちで，査定給や職務，能力に応じて手当をつけるところが増えている。

2　主婦パート社員等についての賃金体系の事例は

　A社（レストラン経営。山口県，361店舗，正社員846人，キャスト8,960人）

の賃金体系は，図表6－6のとおりです。

　キャストというのは，同社におけるパートの呼称であり，就業規則には「1週あるいは1カ月の勤務時間が正社員より短い者」と定義されています。つまり，主婦パートも学生アルバイトも，すべてキャストに含まれます。

【図表6－6】キャストの給与制度の概要

①基本給	スマイル給	（基準給）事業所の各地域の状況等を考慮のうえ決定
	ホスピタリティ給	（仕事給）資格に応じて決定
	マネジメント給	（職責給）マネジメントプログラムを習得後，役割に応じて決定（正社員の役職手当＋資格手当を1カ月の標準時間数である174時間で割った金額を下回らない金額）
②諸手当	通勤手当，時間外勤務手当，休日出勤手当，深夜勤務手当，年末勤務手当，その他特例手当	
③アメニティ給	支給基準に応じ，四半期ごとの評価面接（評価シートを活用）によって店長で最大50,000円，副店長で最大30,000円支給	
④月間達成賞与（売上達成賞）	月ごとの売上計画超過によって10,000円～45,000円支給（正社員と同基準で店長に支給）	
⑤賞与・退職金	支給しない	

（出典）パートタイマーの"やる気"を企業活力に―企業10社の最新レポート，㈶21世紀職業財団，2007年

3　再雇用した契約・パート社員の賃金体系をどのようにするか

　図表6－5の主婦パート社員等の賃金体系の良い点を取り入れてください。
　そのほか，勤務実態に応じて，「テレワーク（在宅勤務）手当」も設けてはどうでしょうか。

Q4 再雇用した契約・パート社員の基本給の決め方は

A4 社員がお互いに納得できる公平さと勤務・労働内容に応じた金額差を
設けることが必要。

1 基本給を決める簡単な手順は

契約・パート社員の基本給とひと口にいっても，仕事の内容や，各人の能力
など，さまざまな条件を考慮する必要があります。そこで，図表6-7の手順
で決めていくと比較的簡単です。

なお，次の点に留意してください。

① これはある企業の主婦パート社員等の例です。作成手順の例とはなりま
すが，賃金額については，自社の賃金水準にマッチしたものとしてくださ
い。

② 読者が理解しやすいように，図表6-7は「時間給1,000円」を基準と

【図表6-7】

> 手順① まず「基本給」を決める。
> たとえば，時間給1,000円とする。これはすべての社員が同一額である。

> 手順② 次に加算給のうちの「勤続給」を決める。
> たとえば，勤続年数1年につき5円とする。勤続5年の人は入社したばか
> りの人より時間給が25円高くなる。
> 「年齢給」はつけないこととする。

> 手順③ 次に「査定給」を決める。
> たとえば，半年ごとに店長とマネジャーがそれぞれ5点，計10点の範囲内
> で，各社員の技量，協力度を査定し，その後，半年間の基本給に1点＝2円
> で加給する。査定については査定基準をあらかじめ定めておき，社員に公表
> しておくことが必要である。

しています。しかし，現在，法定の最低賃金額が東京都1,041円，神奈川県1,040円といったように1,000円を超える地域もあります。実際に自社の契約・パート社員の賃金額を決める場合には，法定の最低賃金額以上の金額となるようにしてください。

この手順に従うと，最低が1,000円，最高が勤続5年で査定のよい人なら1,045円となります。1カ月に100時間働く場合，4,500円の差です。

査定給については，不公平に感じられるようだと，勤労意欲を高めるつもりが逆効果になり，社員同士が気まずくなるだけです。

社員がお互いに納得する公平さと，金額差のつく根拠が納得できるものであることが，査定給を導入する前提です。

2 賃金表の決め方

きちんと賃金表を定める方法もあります。このほうが賃金の決定基準が明らかになります。簡単に，社員の仕事の内容に応じた賃金表をつくる方法がありますので，紹介しましょう。

(1) 仕事の内容などにより3グループに分ける

社員に従事させる仕事を，その内容と社員の役割により，次のように3グループに分けます。3つのグループの具体的な仕事の内容は図表6－8のようになります。

① あまり熟練度を要しない仕事につかせるグループ（職務基準労働タイプ）

② 専門的な仕事につかせるグループ（職種基準労働タイプ）

③ 当初は簡単な仕事につかせるが，経験を積んでいくにつれ，能力アップが期待できるグループ（職能基準労働タイプ）

【図表6－8】 3グループの具体的内容

項　目	説　明
①職務基準労働タイプ	これは，仕事の内容が次のように比較的，定型化，標準化されていて，各社員の個人差の入る余地がないか，あってもきわめてわずかである。 　採用のときに，おおむね仕事の内容が示されているのが普通である。 　(1)　簡単な取りつけ（ハンダづけ，値札づけなど），組立，包装，荷造り，整理，転記，受付案内，皿洗い，掃除，運搬など 　(2)　機械装置などの操作，その付随作業で，単純かつ反復的なもの 　(3)　短時間の訓練で習得できるようマニュアル化された作業，販売，対応
②職種基準労働タイプ	これは仕事の内容が専門化していて，習熟や技能を要し，個人の能力差が表れるものである。社会的に職種として認められ，多くの場合，採用時にはその職種に限定して雇用される。多くは職種としての賃金相場が形成されている。 　(1)　公的な免許，資格などがなければならない職種。たとえば医師，看護師，薬剤師，診療技師，栄養士，教師など 　(2)　特定の機械，装置，施設などと結びついた職種。たとえばコンピュータのプログラマー，オペレーター，ホテル・レストランのボーイ，ウェイターなど
③職能基準労働タイプ	これは当初は比較的簡単な仕事についてもらうとしても，その後，経験を積んでいくなかで，正社員と同様に仕事の広がりや能力の高まりが期待されるタイプである。パートであっても，比較的継続勤務が期待できる場合が，これに当たる。

(2)　それぞれのタイプに応じて賃金表をつくる

　グループ分けしたタイプに応じ，以下の賃金表モデルを見本にして，自社の賃金表をつくります。

①　職務基準労働タイプの賃金表モデル（図表6－9～図表6－11）

　　このタイプでは，図表6－9が最も単純です。図表6－10は図表6－9に経験年数を若干加味したものです。図表6－11は考課査定を取り入れたものです。

【図表6−9】 職務基準（最も単純なもの）労働タイプの賃金表モデル例

職務等級	1級	2級	3級	4級
基本給	1,000円	1,040円	1,100円	1,180円

【図表6−10】 職務基準（経験を考慮したもの）労働タイプの賃金表モデル例

職務等級 / 経験年数	1級	2級	3級	4級
0年（初任）	1,000円	1,040円	1,100円	1,180円
1年	1,005円	1,047円	1,110円	1,195円
2年	1,010円	1,054円	1,120円	1,210円
3年	1,015円	1,061円	1,130円	1,225円
4年	1,020円	1,068円	1,140円	1,240円
5年以上	1,025円	1,075円	1,150円	1,255円

【図表6−11】 職務基準（考課を考慮したもの）労働タイプの賃金表モデル例

職務等級		1級	2級	3級	4級
基本給	最高	1,010円	1,055円	1,120円	1,205円
	標準	1,000円	1,040円	1,100円	1,180円
	最低	990円	1,025円	1,080円	1,155円

最高…考課段階A　標準…考課段階B　最低…考課段階C

② 職種基準労働タイプの賃金表モデル（図表6−12）

　　このタイプは，仕事の内容が専門的であることから，初任給から高額になっています。職種ごとの勤続年数（熟練度）に応じて，少額ずつ昇給するようになっています。このタイプでは，考課査定を取り入れ，上の級に格上げすることもできます。

【図表6−12】 職種基準（専門性が高いもの）労働タイプの賃金表モデル例

熟練度 / 勤続	1級	2級	3級	4級
0年	1,170円	1,250円	1,350円	1,470円

1年	1,190円	1,275円	1,380円	1,505円
2年	1,210円	1,300円	1,410円	1,540円
3年	1,230円	1,325円	1,440円	1,575円
4年	1,250円	1,350円	1,470円	1,610円
5年	1,270円	1,375円	1,500円	1,645円
6年	1,280円	1,387円	1,515円	1,662円
…	…	…	…	…

③　職能基準労働タイプの賃金表モデル（図表6−13）

　このモデルの賃金表では，最低額（1級の勤続年数0）は，職務基準労働タイプ（図表6−9）と同様の低さです。しかし，経験による能力向上を考えて，勤続年数ごとの昇給額が各タイプのなかで最も大きくなっています。さらに能力が大きく向上した場合には，より上の級に移し，大幅に賃金アップするようになっています。

【図表6−13】職能基準（勤続により能力が向上するもの）労働タイプの賃金表モデル例

職務等級\勤続年数	1級	2級	3級	4級
0年	1,000円	1,090円	1,210円	1,360円
1年	1,030円	1,130円	1,260円	1,420円
2年	1,054円	1,162円	1,300円	1,468円
3年	1,072円	1,186円	1,330円	1,504円
4年	1,084円	1,202円	1,350円	1,528円
5年以上	1,090円	1,210円	1,360円	1,540円

　以上，簡単な基本給と賃金表の決め方を紹介しました。これらの場合，いずれも各社員の賃金額全体のうちのほとんどが基本給で決まることになりますので，基本給の決定については公平さ，および能力に適正に応じるかたちをぜひ守りたいものです。

Q5　手当の種類と金額の決め方は

A5　公平感と労働意欲アップのバランスがポイント。

1　従来の主婦パート社員等に対する手当の支給状況は

　主婦パート社員等に対する諸手当の支給状況をみると，通勤手当はほとんどの企業で支給されています。そのほか，比較的多くみられるものとしては精皆勤手当，食事手当などがあります。

　このほか，①日曜，祝祭日や所定外の勤務時間帯，勤務日以外に働く場合の「特殊勤務手当」，②早朝，夜間，繁忙期に働いた場合の「時間帯手当」，③他のパートの嫌がる仕事や特別な知識，技能や資格，免許を要する仕事につく場合の「特殊作業手当」や「技能・技術手当」をつける例が多くあります。

　これは，基本給を設けると，各パートの勤務時間帯や作業内容が変わるたびに基本給を変更しなければならなくなるためです。実際にも，いったん基本給を上げると，後日仕事が変わったからといって，これを下げるのは難しいという面もあります。

　基本給は一率に同額とし，そのほかに時間帯や作業内容に応じた手当をつけて補うことが適切な方法でしょう。

　また，一部企業では，能力のあるパートを役職につけ，部下の指導，管理に活用し「役付手当」を支給しています。

2　従来の主婦パート社員等の手当の種類と金額は

　主婦パート社員等に支給されている手当としては，図表6−14に示した種類や金額となっています。

　また，休日や早朝・深夜などにおける出勤，特別な技能や資格を必要とする専門的な業務に従事することに対して，通常の手当のほかに図表6−15のように特別手当を支給するケースも多いようです。

3 再雇用した契約・パート社員の各種手当をどうするか

　図表6‐14，図表6‐15のうちの良い点を自社に取り入れてください。

　さらに，自社の勤務実態に応じて，毎月，一定額のテレワーク（在宅勤務）手当を設けてはどうでしょうか。

【図表6‐14】従来の主婦パート社員等に対する主な手当の種類と金額例

手　当	説　　明
①通勤手当	電車，バスといった公共交通機関を利用する場合は，実費全額あるいは月額1万円までなど上限を決めて支払う企業が大多数である。そのほか出勤1日当たり300円という支給のかたちもある。 　バイク，自転車通勤の場合は，同じコースのバス代程度，あるいは自転車の駐輪代を支給している。
②精皆勤手当	皆勤手当と精勤手当の両方，またはそのいずれか1つのみについて，計2,000円～5,000円を支払っている企業がほとんどである。 　皆勤手当は1カ月の間に欠勤のなかったパートに支給する。 　精勤手当は，たとえば皆勤または欠勤1日のパートに3,000円支給し，そこから欠勤が1日増えるごとに1,000円ずつ減額するといったかたちで支給する。

【図表6‐15】従来の主婦パート社員等に対する特殊勤務手当等の支給例

手　当	説　　明
①特殊勤務手当	日曜，祝日，年末，所定労働日以外の日…1時間100円～150円加算 年始（3日間）…1時間300円加算 時間給…基本給の20％加算 1日当たり…600円～1,000円加算
②時間帯手当	早朝や夜間，あるいは多忙な時間帯の勤務者に，次のように手当を支払う。 （例）午前7時～午前10時まで，午後6時～午後10時まで… 　　　1時間当たり100円～200円加算
③特殊作業手当	危険作業，汚れ作業，作業条件の厳しい作業など，パートの嫌がる仕事の場合に支払う。金額は1時間当たり100円～400円までさまざまである。 　デパート，スーパーマーケットの場合はレジ，鮮魚部門，精肉部

	門，総菜部門，地下勤務など，製造業などでは雨天時の屋外作業，重量物運搬作業などが対象になる。
④技術・技能手当，職務手当，資格手当	特別な技術，技能や資格，免許などが必要な専門的な仕事につく社員に支給する。職務手当としてはトレーサー，高度なパソコン作業従事者などに，資格手当としては電気，ボイラー，フォークリフト運転，その他の資格・免許取得者に支給する。 　なお，③，④の職務については，手当をつけるのではなく，時間給（本給）自体を高額にし，もっぱらその職務に従事するパートとして採用している企業もある。
⑤役付手当，格付手当	たとえば班長手当として，1カ月3,000円〜5,000円を支給するケースが多くある。 　また，スーパーマーケットなどの格付手当の例としては，職務基準にもとづき，5段階ぐらいに分け，1級2,000円，2級3,000円，3級4,000円，4級7,000円，5級10,000円といったかたちで月額手当を支給しているところもある。
⑥食事手当	多くの企業では，一般社員の食事手当に準じて，月額3,000円〜5,000円を支給している。なかには，1食につき200円あるいは出勤1日につき300円といったかたちで支給しているところもみられる。

Q6　契約・パート社員への休業手当・出来高払いの保障給とは

A6　経営上の理由で契約・パート社員を休業させた場合には，平均賃金の60％以上を休業手当として支払わなければならない。

1　休業手当とは

　休業とは，事業の全部または一部が停止される場合だけでなく，会社が特定の労働者に対して，その意思に反して，就業を拒否する場合も含まれます。

　使用者（会社）は，社員を使用者の責に帰すべき事由により休業させた場合には，休業期間中，その労働者に平均賃金の60％以上の休業手当を法定賃金として支払わなければなりません。

　使用者の責に帰すべき事由とは，資材・資金不足，事業場の設備の欠如など

経営上の理由による休業，使用者の故意，過失による休業等を広く含みます。ただし，天災地変等の不可抗力によるものは含まれません。

　また，一部社員のストライキにより残りの労働者を就労させることができない場合や就労させることが無意味な場合には，たとえ残りの社員の就労を拒否しても，休業手当の支払義務はありません。ストライキは労働組合法で認められた労働者の権利の行使であり，事業の外に起因するものということです。

　原料，資材等の不足であっても，会社の関与範囲外の原因によるものについては，休業手当の支払義務はありません。

2　休業手当の支払額・支払期日は

　1日勤務のうち半日を休業とした場合，または半日勤務の日を休業とした場合には，いずれもその社員の1日の平均賃金の60%以上の支払義務があります。1日分の最低生活費を保障する趣旨です。

　パートの場合，1週のうちある日の所定労働時間がたまたま短く定められていても，その日の休業手当は，そのパートの平均賃金の100分の60以上に相当する額を支払わなければなりません。

　休業手当は，労働基準法27条にもとづく法定賃金です。

　たとえば，賃金を毎月末日に締め切り翌月10日に支払うことになっている場合，11月中の休業日についての休業手当は，12月10日に支払わなければなりません。

　休業手当は，支給額が不足したり，支払いが支給期日よりも遅れると，賃金不払い（労働基準法24条違反）となります。

3　出来高払いの保障給とは

　出来高払制その他の請負制で使用する労働者については，使用者は，労働時間に応じて一定額の賃金の保障をしなければなりません。

　たとえば，歩合給のタクシー運転手の場合，客不足など本人の責任でない事情により収入が大きく落ち込む場合があります。また，製造業で原材料が粗悪

であったことにより完成品の数が少なかった場合なども同様です。

　出来高払いの保障給の規定は，このような場合に，労働者の最低生活が保障される程度の金額を確保しようというものです。通達では，おおよその目安として，少なくとも平均賃金の60％程度を保障すべきであるとしています。

　したがって，再雇用した社員についても，完全な出来高給・歩合制をとると労働基準法27条違反となります。少なくとも「一定額の固定給と出来高給または保障給」の合計額を支払うという形にしなければなりません。

Q7　賃金支払いの5原則はすべての社員に適用される

A7　すべての契約・パート社員について「賃金支払いの5原則」は適用される。

1　賃金支払いの5原則とは

　賃金は労働者の生活の基礎です。そこで，賃金が確実に労働者の手にわたるように労働基準法24条で次の5つの原則を定めています。

- (1)　通貨払いの原則
- (2)　直接払いの原則
- (3)　全額払いの原則
- (4)　毎月1回以上払いの原則
- (5)　一定期日払いの原則

(1)　通貨払いの原則

　賃金は通貨で支払わなければなりません。現物による賃金支払いは価格が不明瞭で換価にも不便なことから禁止されています。通貨払いの原則についての例外は，図表6-16の3つのみです。

【図表6－16】通貨払いの原則の３つの例外

手　当	説　　明
①労働組合との労働協約に規定がある場合	労働組合との労働協約に定めがあれば，定期券の現物支給，組合員に対して自社製品といった物で支払っても労働基準法違反にならない。
②賃金の金融機関への口座振込み	賃金の金融機関への口座振込みについては，次の条件を満たしていれば認められる。 　(a)　労働者の同意があり，労働者の指定する本人名義の口座に振り込まれる 　(b)　賃金の総額が所定の賃金支給日に引き出せる 　さらに労働基準監督署では，支払日の午前10時までには引き出せるようになっていること，賃金支払日には労働者本人に賃金支払計算書が交付されているようにすることなどを指導している。 　対象となる金融機関は，銀行，郵便局，信用金庫，農協，商工中金，証券総合口座である。
③退職金	退職金は高額で，現金払いでは危険が多いことなどから，前記②の方法のほか，労働者の同意があれば，銀行振出自己宛小切手，銀行支払保障小切手，郵便為替で支払うことも認められる。

(2)　直接払いの原則

　賃金は，労働者本人に直接支払わなければなりません。したがって，労働者の代理人，つまり未成年者の親や後見人，労両者の委任を受けた代理人に支払っても無効です。ただし，労働者が病気で，その配偶者や子が使者（手足）として受け取りにきた場合には，支払ってもさしつかえありません。

(3)　全額払いの原則

　賃金はその全額を支払わなければなりません。ただし，図表6－17の２つの場合には，賃金から一部控除（天引）してさしつかえありません。

【図表6－17】賃金からの一部控除が認められる場合

手当	説明
①法令に別段の定めがある場合	所得税の源泉徴収，社会・労働保険料（健康保険，雇用保険，厚生年金保険）の控除など
②労使協定に定めている場合	親睦会費，労働組合費，社宅料，購入物品の代金その他

　なお，使用者が労働者に有している債権をもって，労働者の賃金と相殺することは，全額支払いの原則に反し，労働基準法違反となります。しかし，それが労働者の完全な自由意志によるものであれば認められます。たとえば，退職金から住宅ローンの返済残額を相殺するようなケースです。

⑷　毎月1回以上払いの原則

　毎月，1日から末日までの間に少なくとも1回は賃金を支払わなければなりません。年俸制の場合も同じです。

⑸　一定期日払いの原則

　賃金は，毎月5日，月の末日といったように日を特定して支払わなければなりません。「毎月第2水曜日」のように日が変動するような定め方，「毎月15日から20日の間」のように日が特定しない定め方をすることは許されません。

　ただし，決められた支払日が休日に当たる場合は，その支払日を後日に繰り下げる，あるいは前日に繰り上げるように定めることは認められます。これでも日が特定できるからです。

　なお，「毎月1回以上払いの原則」，「一定期日払いの原則」については，次の賃金は適用されません。
　①　臨時に支払われる賃金（私傷病手当，結婚手当，退職金等）
　②　賞与
　③　1カ月を超える期間によって算定される精勤手当，勤続手当，奨励加給，能率手当

2 正社員と異なる取扱いは

たとえば，正社員は月給制，パート社員は週給制としている企業もあります。月給制も週給制も毎月1回以上賃金を支払っているので「毎月1回以上払いの原則」に反していません。正社員とパート社員とで異なる取扱いとなっていますが，収入額の少ないパート社員について支払回数を多くしているので，この点も問題ありません。

また，正社員とパート社員で賃金の支払期日が異なっていても，その労働者について一定期日ごとに支払われていれば適法です。

Q8 賃金から一部控除する場合の手続きは

A8 労働組合費や社宅使用料などを控除するためには手続きが必要。

社員の賃金から何かしらを一部控除する場合には，①就業規則（または賃金規程）に規定を設ける，②労使協定を結び事業所に保管しておく，という2つの手続きが必要です。

1 就業規則の賃金控除の規定例は

就業規則における賃金控除の規定例は図表6-18のとおりです。

【図表6-18】賃金控除の規定例

第○条　会社は，賃金の支給に際して，次のものを控除する。
　1　所得税，住民税，労働・社会保険料等法令で定められたもの
　2　労働組合費
　3　社宅・寮の使用料
　4　会社取扱製品の購入代金
　5　各種貸付金の月返済金
　6　社員食堂での食券購入代金

2　労使協定の結び方と協定例は

　労働組合費等を賃金から控除するためには，労使協定を結ぶことが必要です。この労使協定については，労働基準監督署に届け出る必要はありません。

　ただし，労働基準監督署の労働基準監督官が事業場の強制立入調査をする場合には，必ずチェックし，労働基準法違反を摘発されますので，労使協定書は保管しておいてください。

【図表6－19】賃金の一部控除に関する労使協定例

賃金の一部控除に関する労使協定書

　○○株式会社と労働者の過半数代表者○○○○は，労働基準法第24条第1項に基づき，賃金の一部控除に関し，下記のとおり協定する。
　1　会社は，毎月の賃金の支払いの際，次の各号に掲げるものを控除する。
　(1)　所得税，住民税，労働・社会保険料等法令で定められたもの
　(2)　労働組合費
　(3)　社宅・寮の使用料
　(4)　会社取扱製品の購入代金
　(5)　各種貸付金の月返済金
　(6)　社員食堂での食券購入代金
　2　1の(4)及び(5)については，賞与支払いの際に控除することができる。
　3　この協定は，締結した日から3年間有効とする。ただし，有効期間満了後も，当事者のいずれかが60日前までに文書により破棄の通告をしない限り効力を有するものとする。

　令和○年○月○日

　　　　　　　　　　　　　　　　　　　○○株式会社代表取締役
　　　　　　　　　　　　　　　　　　　　○○○○　　㊞
　　　　　　　　　　　　　　　　　　　労働者の過半数代表者
　　　　　　　　　　　　　　　　　　　　○○○○　　㊞

Q9　契約社員・パート社員に賞与を支払うか否か

A9　再雇用した契約・パート社員の勤労意欲を高めるためにも，金額の多少にかかわらず賞与を支給すべき。

1　支給する場合は就業規則に記載しておく

　法律上，使用者は社員に賞与を支払う義務はありません。各使用者がそれぞれの判断で決めることです。

　ただし，労働契約（口頭約束を含む），就業規則または労働協約の規定で，賞与の支給を約束している場合には，約束どおり支払う義務があります。支払わないと，賃金不払い（労働基準法24条違反）となります。

　賞与制度を設けている場合には，パート等を含んだ従業員10人以上の事業場では，賞与支払いについて就業規則に規定を設けておかなければなりません。

　就業規則の規定例は，図表6−20のとおりです。

【図表6−20】就業規則の規定例

第○条　会社は，契約・パート社員に対して毎年2回賞与を支給する。
2　賞与の支給対象者，支給時期，支給金額等については，会社の経営状況等を勘案して決定する。

2　賞与支給についての考え方は

　日本特有の制度といわれる賞与（ボーナス）ですが，契約・パート社員にはボーナスより時間給アップを，という考え方もあります。しかし，慣行的意味合いや正社員との兼ね合いから多くの会社で賞与を支給しています。

　夏と年末には賞与をもらえるものという考えは，働く人の間に広く定着しています。同じ職場で働いているのに，正社員は賞与がもらえて契約社員やパート社員はもらえないとなると，パートは大切に扱われていないという気持ちを

抱かせてしまいます。

　金額の如何にかかわらず，パートにも賞与を支給すべきでしょう。

3　やる気を起こさせる加点主義の評価を

　月々の給料はもとより，賞与の支給も公平であることが基本です。

　そこで，賞与の算定方式については，就業規則で一般的な規定を設けるほか，勤務成績評価の方法についてもきちんと基準をつくり，それを事前にすべての社員に公表すべきです。

　その際，気をつけなければならないのは，マイナス要因ばかりを挙げる「減点主義」ではなく，プラス要因も十分加味した「加点主義」で評価することです。これは，正社員も同じことですが，減点主義中心だと，職場の雰囲気が，「何も」しないでジッとしているほうが減点が少ない」と，消極的になりがちです。

　加点主義の場合には，たとえ少々の失敗をしても，がんばってそれを上回る加点を獲得すればプラスになるから，非常に積極的になります。

　さらに，同じ賞与を支給するなら，契約社員とパートの人たちにやる気を起こさせ，うれしくなるような工夫をしてほしいものです。

　東京のある弁当店では，社長が月給もボーナスも，1人ひとりと握手し，「今月もよくがんばってくれましたね。ありがとう」といって手渡しています。とくにボーナスのときには，1人ひとりがこの半年間どのような点でがんばってくれたかを具体的に話し，お礼をいいます。もちろん，この会社は近来まれにみる高収益を上げています。

　この社長の心が，正社員はもとより，パート，バイトの人たちにまで伝わるのは当然でしょう。経営者のこうした気持ちが，やる気を育て，高収益へと導くのです。

Q10　契約・パート社員に退職金を支払うか否か

A10　退職金を支払うかどうかは会社の自由。

1　支給する場合は就業規則に記載しておく

　法律上，使用者（会社）は，社員に退職金を支払う義務はありません。支払うか否かは使用者の自由です。

　ただし，使用者が社員に対して，労働契約（口頭約束を含む），就業規則または労働協約により退職金の支払いを約束している場合には，法律上支払義務が生じます。

　また，退職金制度を設ける場合には，常時使用する社員を10人以上雇用している事業場では，就業規則に制度内容（支給対象者，支給額算定基準，支給日等）を規定しなければなりません。

〔参考文献〕

①　厚生労働省公表資料

②　「改正高年齢者雇用安定法による「高年齢者就業確保措置」」（『労働基準広報』別冊，労働調査会）

③　「特集　高年齢者雇用安定法の改正」（『労働基準広報』2020年4月1日・7頁，労働調査会）

④　『雇用延長制度のしくみと導入の実務』（日本実業出版社，2012年）

⑤　『企業のための65歳雇用延長制度導入マニュアル』（日労研，2005年）

（④・⑤いずれも拙著）

●著者略歴

布施　直春（ふせ　なおはる）

2016年11月3日瑞宝小綬章受賞

1944年生まれ。1965年，国家公務員上級職（行政甲）試験に独学で合格。

1966年労働省本省（現在の厚生労働省）に採用。その後，勤務のかたわら新潟大学商業短期大学部，明治大学法学部（いずれも夜間部）を卒業。〔元〕長野・沖縄労働基準局長。〔前〕港湾貨物運送事業労働災害防止協会常務理事，清水建設㈱本社常勤顧問，関東学園大学非常勤講師（労働法，公務員法），葛西社会福祉専門学校非常勤講師（障害者福祉論，社会福祉論，公的扶助論，社会保障論，法学），新潟大学経済学部修士課程非常勤講師（講師歴通算15年）。

〔現在〕羽田タートルサービス㈱本社審議役（顧問），公益財団法人清心内海塾（せいしんうつみ）（刑務所等出所者，障害者等の就職支援，企業の労務管理改善研修等）常務理事，社会福祉法人相思会（知的障害児入所施設）理事，労務コンサルタント，著述業，セミナー講師業　ほか。

労働法，社会保障法，障害者・外国人雇用，人的資源の活用管理等に関する著書158冊。主な著書に『無期転換申込権への対応実務と労務管理』『改訂版　企業の労基署対応の実務』『雇用多様化時代の労務管理』（以上，経営書院），『これで安心！　障害者雇用の新しい進め方』『Q＆A退職・解雇・雇止めの実務―知っておきたいトラブル回避法―』『Q＆A改正派遣法と適法で効果的な業務委託・請負の進め方―従業員雇用・派遣社員をやめて委託・請負にしよう！』『モメナイ就業規則・労使協定はこう作れ！―改正高年法・労働契約法完全対応―』『その割増賃金必要ですか？―誰でもわかる労働時間管理のツボ』（以上，労働調査会），『雇用延長制度のしくみと導入の実務』（日本実業出版社），『平成27年改訂版　Q＆A労働者派遣の実務』（セルバ出版），『職場のハラスメント早わかり』，『働き方改革関連法早わかり』『改訂新版　わかる！使える！労働基準法』（類書を含み累計20万部）（PHPビジネス新書），『労働法実務全書』（約900頁の労働法実務事典）『詳解　平成27年改正労働者派遣法―改正法の企業対応と適法な業務処理請負への切替え実務』『詳解　働き方改革法の実務対応』『改正入管法で大きく変わる　外国人労働者の雇用と労務管理』『Q＆A発達障害・うつ・ハラスメントの労務対応（第2版）』『Q＆A「職場のハラスメント」アウト・セーフと防止策』『不況に対応する「雇用調整」の実務』（以上，中央経済社）などがある。

Q&A 70歳までの就業確保制度の実務
──テレワーク，フリーランス等の多様な働き方で対応

2022年3月1日　第1版第1刷発行

著　者	布　施　　　直　春
発行者	山　本　　　　　継
発行所	㈱中 央 経 済 社
発売元	㈱中央経済グループ パ ブ リ ッ シ ン グ

〒101-0051　東京都千代田区神田神保町1-31-2
電話　03 (3293) 3371（編集代表）
　　　03 (3293) 3381（営業代表）
https://www.chuokeizai.co.jp

印刷／㈱堀内印刷所
製本／有井上製本所

© 2022
Printed in Japan

社会保険労務六法

全国社会保険労務士会連合会 ［編］

社会保険制度や労働・福祉制度の大変革が進むなかで, これら業務に関連する重要な法律・政令・規則・告示を使いやすい2分冊で編集。社会保険労務士をはじめ企業の社会保険担当者, 官庁, 社会福祉, 労働・労務管理・労使関係などに携わる方, 社会保険労務士受験者の必携書

毎年 好評 発売

■主な内容■

第1分冊

社会保険関係法規 ■ 健康保険関係＝健康保険法／同施行令／同施行規則他　厚生年金保険関係＝厚生年金保険法／同施行令／同施行規則他　船員保険関係＝船員保険法／同施行令／同施行規則他　国民健康保険関係＝国民健康保険法／同施行令／同施行規則他　国民年金関係＝国民年金法／同施行令／同施行規則他　社会保険関係参考法規＝確定拠出年金法／確定給付企業年金法／日本年金機構法他

第2分冊

社会保険関係法規 ■児童手当及び高齢者福祉関係＝子ども手当関係法令／高齢者の医療の確保に関する法律／介護保険法他

労働関係法規 ■労政関係＝労働組合法／労働関係調整法他　労働基準関係＝労働基準法／同施行規則／労働契約法／労働時間設定改善法／労働安全衛生法／雇用均等機法他　職業安定関係＝労働施策総合推進法／職業安定法／労働者派遣法／高年齢者等雇用安定法／障害者雇用促進法他　労働保険関係＝労働者災害補償保険法／雇用保険法／労働保険の保険料の徴収等に関する法律他　個別労働紛争解決関係＝民法（抄）／民事訴訟法（抄）／個別労働関係紛争解決促進法／裁判外紛争解決手続の利用の促進に関する法律／労働審判法他　労働関係参考法規＝労働保険審査官及び労働保険審査会法／行政不服審査法他

社会保険労務士関係法規 ■社会保険労務士法他

中央経済社